MIX
Aus verantwortungsvollen Quellen
FSC® C022120
FSC
www.fsc.org

ISBN 978-3-649-62989-4

Hafenweg 30, 48155 Münster, Germany
Textsatz: Internetlitho, Münster
Redaktion: Kai König

www.coppenrath.de

Lasst mich durch, ich muss aufs Sofa!

Heitere Geschichten

Mit Illustrationen
von Nora Paehl

COPPENRATH

Inhalt

Heinrich Böll

Anekdote zur Senkung der Arbeitsmoral

In einem Hafen an der westlichen Küste Europas liegt ein ärmlich gekleideter Mann in seinem Fischerboot und döst. Ein schick angezogener Tourist legt eben einen neuen Farbfilm in seinen Fotoapparat, um das idyllische Bild zu fotografieren: blauer Himmel, grüne See mit friedlichen, schneeweißen Wellenkämmen, schwarzes Boot, rote Fischermütze. Klick. Noch einmal: klick, und da aller guten Dinge drei sind, und sicher sicher ist, ein drittes Mal: klick. Das spröde, fast feindselige Geräusch weckt den dösenden Fischer, der sich schläfrig aufrichtet, schläfrig nach seiner Zigarettenschachtel angelt, aber bevor er das Gesuchte gefunden, hat ihm der eifrige Tourist schon eine Schachtel vor die Nase gehalten, ihm die Zigarette nicht gerade in den Mund gesteckt, aber in die Hand gelegt, und ein viertes Klick, das des Feuerzeuges, schließt die eilfertige Höflichkeit ab. Durch jenes kaum meßbare, nie nachweisbare Zuviel an flinker Höflichkeit ist eine gereizte Verlegenheit entstanden, die der Tourist – der

Landessprache mächtig – durch ein Gespräch zu überbrücken versucht.
„Sie werden heute einen guten Fang machen."
Kopfschütteln des Fischers.
„Aber man hat mir gesagt, daß das Wetter günstig ist."
Kopfnicken des Fischers.
„Sie werden also nicht ausfahren?"
Kopfschütteln des Fischers, steigende Nervosität des Touristen. Gewiß liegt ihm das Wohl des ärmlich gekleideten Menschen am Herzen, nagt an ihm die Trauer über die verpaßte Gelegenheit.
„Oh, Sie fühlen sich nicht wohl?"
Endlich geht der Fischer von der Zeichensprache zum wahrhaft gesprochenen Wort über: „Ich fühle mich großartig", sagt er. „Ich habe mich nie besser gefühlt." Er steht auf, reckt sich, als wollte er demonstrieren, wie athletisch er gebaut ist. „Ich fühle mich phantastisch."
Der Gesichtsausdruck des Touristen wird immer unglücklicher, er kann die Frage nicht mehr unterdrükken, die ihm sozusagen das Herz zu sprengen droht: „Aber warum fahren Sie dann nicht aus?"
Die Antwort kommt prompt und knapp: „Weil ich heute Morgen schon ausgefahren bin."

„War der Fang gut?“
„Er war so gut, daß ich nicht noch einmal auszufahren brauche, ich habe vier Hummer in meinen Körben gehabt, fast zwei Dutzend Makrelen gefangen ...“
Der Fischer, endlich erwacht, taut jetzt auf und klopft dem Touristen beruhigend auf die Schultern. Dessen besorgter Gesichtsausdruck erscheint ihm als ein Ausdruck zwar unangebrachter, doch rührender Kümmernis.
„Ich habe sogar für morgen und übermorgen genug“, sagt er, um des Fremden Seele zu erleichtern. „Rauchen Sie eine von meinen?“
„Ja, danke.“
Zigaretten werden in Münder gesteckt, ein fünftes Klick, der Fremde setzt sich kopfschüttelnd auf den Bootsrand, legt die Kamera aus der Hand, denn er braucht jetzt beide Hände, um seiner Rede Nachdruck zu verleihen.
„Ich will mich ja nicht in Ihre persönlichen Angelegenheiten mischen“, sagt er, „aber stellen Sie sich mal vor, Sie führen heute ein zweites, ein drittes, vielleicht sogar ein viertes Mal aus und Sie würden drei, vier, fünf, vielleicht gar zehn Dutzend Makrelen fangen ... stellen Sie sich das mal vor.“
Der Fischer nickt.

„Sie würden", fährt der Tourist fort, „nicht nur heute, sondern morgen, übermorgen, ja an jedem günstigen Tag zwei-, dreimal, vielleicht viermal ausfahren – wissen Sie, was geschehen würde?"
Der Fischer schüttelt den Kopf.
„Sie würden sich in spätestens einem Jahr einen Motor kaufen können, in zwei Jahren ein zweites Boot, in drei oder vier Jahren könnten Sie vielleicht einen kleinen Kutter haben, mit zwei Booten oder dem Kutter würden Sie natürlich viel mehr fangen – eines Tages würden Sie zwei Kutter haben, Sie würden ...", die Begeisterung verschlägt ihm für ein paar Augenblicke die Stimme, „Sie würden ein kleines Kühlhaus bauen, vielleicht eine Räucherei, später eine Marinadenfabrik, mit einem eigenen Hubschrauber rundfliegen, die Fischschwärme ausmachen und Ihren Kuttern per Funk Anweisung geben. Sie könnten die Lachsrechte erwerben, ein Fischrestaurant eröffnen, den Hummer ohne Zwischenhändler direkt nach Paris exportieren – und dann ...", wieder verschlägt die Begeisterung dem Fremden die Sprache. Kopfschüttelnd, im tiefsten Herzen betrübt, seiner Urlaubsfreude schon fast verlustig, blickt er auf die friedlich hereinrollende Flut, in der die ungefangenen Fische munter springen.

„Und dann“, sagt er, aber wieder verschlägt ihm die Erregung die Sprache. Der Fischer klopft ihm auf den Rücken, wie einem Kind, das sich verschluckt hat. „Was dann?“ fragt er leise.
„Dann“, sagt der Fremde mit stiller Begeisterung, „dann könnten Sie beruhigt hier im Hafen sitzen, in der Sonne dösen – und auf das herrliche Meer blicken.“
„Aber das tu ich ja schon jetzt“, sagt der Fischer, „ich sitze beruhigt am Hafen und döse, nur Ihr Klicken hat mich dabei gestört.“
Tatsächlich zog der solcherlei belehrte Tourist nachdenklich von dannen, denn früher hatte er auch einmal geglaubt, er arbeite, um eines Tages einmal nicht mehr arbeiten zu müssen, und es blieb keine Spur von Mitleid mit dem ärmlich gekleideten Fischer in ihm zurück, nur ein wenig Neid.

Giorgio Manganelli

Einunddreißig

Ehrlich gesagt: Dieser Mann tut überhaupt nichts. Er faulenzt. Er liegt auf dem Bett herum, räkelt sich, wechselt seine Lage. Er geht in der Wohnung umher. Er macht sich einen Kaffee. Nein, er macht sich keinen Kaffee. Nein, er geht nicht in der Wohnung umher. Er denkt an all die wunderbaren Dinge, die er tun könnte, und verspürt ein leichtes Unbehagen, welches Schuldgefühl zu nennen indes übertrieben wäre. Das Nicht-Tun ist lediglich eine Art des Tuns, deren er gänzlich entwöhnt ist. Wenn ich ein Soldat wäre, grübelt er – einer von jenen Soldaten, die sich nur als Männer fühlen, wenn der Kanonendonner rollt und eine vernünftige Möglichkeit besteht, getötet oder verwundet, jedenfalls aber in ein Denkmal verwandelt zu werden –, dann müsste ich zugeben, dass ich mich nicht nur so verhalte, als rollte kein Kanonendonner, sondern beinahe so, als wäre soeben der Weltfrieden verkündet worden – gleichzeitig mit der Vernichtung aller Denkmäler. Wie würde er sich aber fühlen, ein solcher Soldat? Als überflüssiger Mensch. Es gibt jedoch einen grundlegenden Unterschied: In der Tat wäre jener Soldat vermutlich unglücklich und würde am Ende einen Streit mit einem Polizisten vom Zaun brechen, den er seiner Uniform wegen als Feind betrachten könnte. Ich, so denkt jener Mann weiter, bin nicht unglücklich. Nein, ich bin auch nicht glücklich, so vermessen bin ich nicht. Und da sage ich mir eben, dass ich mich an meiner Kommode freue; nun ist aber meine Kommode ein plumper und schäbiger Gegenstand, und wenn ich mich daran freue, dann heißt das, dass ich sie behandle wie einen guten Hund, der niemanden beißt und die Fußböden nicht beschmutzt. Ich liebe auch den kleinen Leuchter, obwohl er nur ein nachgemachter und ein ziemlich blöder Leuchter ist. Mehr als alles aber liebe ich meine Pantoffeln, die ihre reichlich beschränkte Aufgabe mit unsäglicher Leidenschaft erfüllen; nie sind Füße von Filmstars oder Heiligen ähnlich liebevoll verwahrt worden. Was soll man nun aber von einem denken, der gesteht, dass er seine eigenen Pantoffeln liebt? In der Tat bemüht er sich, nicht zu denken. Doch um die Wahrheit zu sagen: Es misslingt ihm. Man kann nicht eigentlich sagen, dass er denkt, aber er hat den Eindruck, dass irgendwo in einem unteren Bereich eine Zone, die gewöhnlich von anderen Bereichen übertönt wird, mit rasender Geschwindigkeit denkt oder Pläne schmiedet oder über irgendwelche Dinge meditiert – Dinge, Dinge, was mochten das für Dinge sein? Nichts Ernstes, sagen wir, nichts Wahres – aber mit einer Schnelligkeit, einer Schläue und einer Geschicklichkeit, dass ihm jede Möglichkeit genommen ist, schuldig zu sein. Einige Stunden lang beschränkt sich seine Aufgabe darauf, der Uhr zuzuhören. Aber was für einer Uhr? Ach, er weiß es wirklich nicht. Jedenfalls nicht der, die er am Handgelenk trägt und die seine Arbeit schon seit jeher rhythmisiert. Vielleicht simuliert irgendwo ein Ticken das Denken und – einen Augenblick lang scheint ihm alles klar – skandiert Stunden, die noch nicht sind und die auch nie begonnen haben.

Jerome K. Jerome

Über das Faulsein

Also auf diesem Gebiet, das darf ich ohne falsche Bescheidenheit behaupten, kenne ich mich umfassend aus. Der freundliche Herr, der mich als Kind für neun Guineas pro Trimester – ohne Extras – mit den Wassern der Weisheit benetzte, pflegte zu sagen, ihm sei noch nie ein Knabe untergekommen, der für so wenig Arbeit so viel Zeit gebraucht hätte, und ich erinnere mich, dass meine arme Großmutter einmal, als sie mich in der Benutzung des Gebetsbuches unterwies, beiläufig bemerkte, ich würde wohl kaum etwas tun, was ich nicht tun dürfte, aber bestimmt so gut wie alles unterlassen, was ich eigentlich hätte tun sollen.
Ich fürchte, dass ich die Prophezeiung der geschätzten alten Dame zur Hälfte Lügen gestraft habe, denn der Himmel weiß, dass ich vielerlei getan habe, was ich, so faul ich auch bin, nicht hätte tun dürfen. Vollauf bestätigt aber hat sich ihr Urteil, dass ich vieles unterlassen habe, was ich nicht hätte unterlassen dürfen. Faulenzen war schon immer meine Stärke. Ich rechne mir das nicht als Verdienst an – es ist eine Gabe. Wenige besit-

zen sie. Träge Menschen gibt es noch und noch, der wahre Müßiggänger hingegen ist eine Rarität. Man darf ihn sich nicht als einen Menschen vorstellen, der mit den Händen in den Taschen herumschlunzt. Im Gegenteil – typisch für ihn ist, dass er pausenlos ungemein beschäftigt ist.

Man kann den Müßiggang in vollen Zügen nur genießen, wenn man vor Arbeit nicht weiß wohin. Das Nichtstun macht keinen Spaß, wenn man nichts zu tun hat. Die Zeit zu vertrödeln ist in diesem Fall eine bloße Beschäftigung, und zwar eine sehr anstrengende. Müßiggang schmeckt – wie ein Kuss – nur süß, wenn er gestohlen ist.

Vor vielen Jahren, als junger Mann, wurde ich sehr krank – ich selbst fand eigentlich, dass es nichts Schlimmeres war als eine äußerst lästige Erkältung, aber es muss wohl etwas Ernstes gewesen sein, denn der Arzt meinte, ich hätte vor einem Monat zu ihm kommen müssen, und wäre es (was immer dieses ‚es' bedeutete) noch eine weitere Woche gegangen, hätte er für die Folgen nicht einstehen können. Merkwürdigerweise ist mir noch nie ein Arzt begegnet, der, wenn er zu einem Patienten gerufen wurde, nicht erklärt hätte, ein weiterer Tag des Zuwartens hätte die Heilung unmöglich gemacht. Unser medizinischer Wegbeglei-

ter, Philosoph und Freund betritt wie der Held in einem Melodram stets im letzten, allerletzten Augenblick die Bühne – es ist ganz klar die Hand des Schicksals …
Ich war, wie gesagt, sehr krank und wurde auf einen Monat nach Buxton geschickt mit der strengen Auflage, dort nichts zu tun. „Sie brauchen Ruhe", sagte der Arzt. „Völlige Ruhe."
Das schien eine verlockende Aussicht. „Dieser Mann hat meine Beschwerden offenbar begriffen", sagte ich und sah eine herrliche Zeit vor mir – vier Wochen *dolce far niente* mit einer Prise Kranksein. Nicht zu viel, nur gerade genug, um einen Hauch von Leiden ahnen zu lassen und der Sache einen poetischen Anstrich zu geben. Ich würde spät aufstehen, an meiner Schokolade nippen und mein Frühstück in Hausschuhen und Morgenrock einnehmen. Ich würde mich im Garten in eine Hängematte legen und sentimentale Romane mit traurigem Ende lesen, bis das Buch meiner schlaffen Hand entfiel, würde dort ruhen, träumerisch in das tiefe Blau schauen, mit dem Blick den flauschigen Wolken folgen, die wie Schiffe mit weißen Segeln über das Himmelsgewölbe zogen, und dem lustigen Lied der Vögel und dem leisen Rascheln in den Bäumen lauschen. Oder ich würde, wenn übergroße Mattigkeit mich daran hinderte, das Haus zu verlas-

sen, von Kissen gestützt in dem Erdgeschosszimmer mit Blick zur Terrasse sitzen, leidend und interessant schauen und die vorbeiflanierenden hübschen Mädchen zum Seufzen bringen. Und zweimal am Tag würde ich mich in einem Rollstuhl zur Trinkkur in die Kolonnaden bringen lassen. Ach, diese Trinkkur …! Damals hatte ich sie noch nicht selbst erlebt und fand die Vorstellung durchaus verlockend. *Trinkkur* klang nach feiner Gesellschaft und achtzehntem Jahrhundert, und ich dachte, ich würde Gefallen daran finden. Nach drei oder vier Vormittagen aber – grrr! Sam Wellers Feststellung, der Brunnen schmecke *nach warmem Bügeleisen*, vermittelt nur eine unvollkommene Vorstellung von der absoluten Widerwärtigkeit dieses Kurmittels. Könnte irgendetwas einem Kranken zu schneller Genesung verhelfen, so das Wissen, dass er täglich ein Glas davon trinken muss, bis er wiederhergestellt ist. Ich genoss das Getränk sechs Tage hintereinander pur, und das brachte mich fast um, danach trank ich gleich hinterher immer einen starken Brandy, was mir große Erleichterung verschaffte. Inzwischen habe ich von mehreren angesehenen Medizinern erfahren, dass der Alkohol die Wirkung der in dem Heilwasser enthaltenen eisenhaltigen Bestandteile offenbar vollständig konterkariert

hat. Ich schätze mich glücklich, dass ich somit das Richtige getroffen habe.
Aber die Trinkkur war nur ein kleiner Teil der Torturen, die ich in diesem denkwürdigen Monat durchlitt, einem Monat, wie ich ihn trübseliger nie erlebt habe. Meistenteils hielt ich mich gewissenhaft an die Order des Arztes und verbrachte den Tag mit Nichtstun bis auf zielloses Umherwandern in Haus und Garten und die zweistündige Ausfahrt im Rollstuhl, welche die Monotonie ein wenig auflockerte. Rollstuhlexpeditionen sind – besonders wenn man diese stimulierende Art der Fortbewegung nicht gewöhnt ist – aufregender, als es auf den ersten Blick scheinen mag. Das Gefährliche an der Sache, das sich dem Außenstehenden womöglich gar nicht erschließt, ist dem Insassen stets bewusst. Er ist ständig davon überzeugt, dass das ganze Gefährt gleich umkippen wird, und diese Überzeugung verstärkt sich besonders dann, wenn ein Graben oder ein Stück frisch asphaltierte Straße in Sicht kommt. Bei jedem ihn überholenden Fahrzeug wartet er darauf, gerammt zu werden, und wenn es bergauf oder bergab geht, stellt er sofort Vermutungen über seine Chancen an für den Fall, dass – was überaus wahrscheinlich scheint – der kraftlose Lenker seines Geschicks den Rollstuhl loslässt.

Doch selbst diese Zerstreuung verlor nach einer Weile ihren Reiz, und die Langeweile wurde schier unerträglich. Ich spürte, wie mein Geist darüber erlahmte. Es ist kein sehr starker Geist, und ich sagte mir, dass es unklug wäre, ihn zu überfordern. Also stand ich um den zwanzigsten Tag herum zeitig auf, frühstückte kräftig und ging zu Fuß bis Hayfield am Fuße des Kinder Scout, einer hübschen geschäftigen Kleinstadt, in die man durch ein liebliches Tal gelangt und in der es zwei ungemein anmutige Frauen gab. Zumindest damals waren sie ungemein anmutig; eine kam auf der Brücke an mir vorbei und brachte mich, wenn ich nicht irre, zum Lächeln, die andere stand vor einer offenen Tür und küsste ein rotgesichtiges Baby ab, ohne damit auf Gegenliebe zu stoßen. Aber das ist Jahre her, und ich konnte mir denken, dass beide inzwischen rund und zänkisch geworden sind. Auf dem Rückweg sah ich einen alten Mann Steine behauen und spürte einen so starken Drang, meine Arme zu benutzen, dass ich versprach, ihm einen auszugeben, wenn er bereit wäre, mir seinen Platz zu überlassen. Er war ein menschenfreundlicher alter Bursche und tat mir den Gefallen. Ich machte mich mit der in drei Wochen aufgestauten Kraft über die Steine her und schaffte in einer halben Stunde mehr als er den ganzen Tag. Aber er wurde nicht neidisch.

Nachdem ich mich einmal dazu aufgerafft hatte, stürzte ich mich in weitere Vergnügungen, machte jeden Morgen einen langen Spaziergang und lauschte jeden Abend der Kurkapelle im Pavillon. Dennoch vergingen die Tage quälend langsam, und ich war herzlich froh, als der letzte gekommen war und es mich aus dem gichtig-schwindsüchtigen Buxton wieder in das strenge, arbeitsame London katapultierte. Ich sah aus dem Abteilfenster, als wir abends durch Hendon brausten. Beim Anblick des grellen Lichts, das über der mächtigen Stadt hing, wurde mir warm ums Herz, und als später meine Droschke klappernd den Bahnhof St. Pancras verließ, kam mir das um mich her anschwellende Brausen vor wie die wohltönendste Musik, die mir seit langer Zeit zu Ohren gekommen war.

In jenem Monat hatte ich entschieden keine Freude am Müßiggang. Ich faulenze gern, wenn ich eigentlich nicht faulenzen dürfte, aber nicht, wenn mir nur das zu tun verordnet wird. In dieser Beziehung bin ich stur. Am liebsten stehe ich immer dann mit dem Rücken zum Feuer und rechne mir meine Schulden aus, wenn sich auf meinem Schreibtisch die Briefe stapeln, die bis zur nächsten Post beantwortet werden müssen. Am längsten trödele ich beim Abendessen, wenn abends noch ein erhebliches Arbeitspensum auf mich wartet. Und immer dann, wenn ich aus irgendeinem dringenden Grund morgens besonders früh aufstehen müsste, bleibe ich mit Genuss noch eine halbe Stunde länger im Bett. Wie köstlich ist es, sich umzudrehen und „nur für fünf Minuten“ noch einmal einzuschlafen. Gibt es irgendeinen Menschen – abgesehen von dem Helden einer Sonntagsschulgeschichte für Jungen –, der mit Freuden aufsteht? Manchen Männern ist es absolut unmöglich, zur rechten Zeit aus dem Bett zu finden. Angenommen, sie müssten um acht aufstehen, bleiben sie bis halb neun liegen. Wenn sich die Umstände ändern und halb neun früh genug für sie ist, schaffen sie es erst um neun, sich zu erheben; sie sind wie jener Staatsmann, von dem man sich erzählt, er käme stets pünktlich eine halbe Stunde zu spät. Sie kommen auf alle möglichen und

unmöglichen Schliche. Sie kaufen Weckeruhren (hinterlistige Erfindungen, die zur falschen Zeit losgehen und die falschen Leute wecken). Sie bitten Sarah Jane, bei ihnen zu klopfen und sie zu rufen, und Sarah Jane klopft tatsächlich und ruft, und sie raunzen „Is gut“ und schlafen in aller Ruhe wieder ein. Ich kannte einen Mann, der wahrhaftig aufstand und kalt badete, aber auch das nützte nichts, denn hinterher sprang er wieder ins Bett, um sich aufzuwärmen.

Ich glaube, dass ich es schaffen würde, mich nach dem Aufstehen nicht wieder hinzulegen. Mein großes Problem ist es, den Kopf vom Kissen loszueisen, und keine noch so guten nächtens gefassten Vorsätze machen mir das leichter. Ich sage mir, nachdem ich den ganzen Abend vertrödelt habe: „Also heute arbeite ich nichts mehr, dafür stehe ich morgen zeitig auf“, und bin in diesem Moment dazu auch fest entschlossen. Am nächsten Morgen kann ich mich für diesen Gedanken schon weniger begeistern und überlege, dass es viel besser gewesen wäre, wenn ich am Vorabend länger gemacht hätte. Dann geht es ja auch noch um das lästige Anziehen, und je intensiver man daran denkt, desto lieber möchte man sich darum drücken.

Es ist ein seltsam Ding, dieses Bett, diese Nachbildung des Grabes, in dem wir unsere müden Glieder ausstrecken und friedsam in Schweigen und Ruhe versinken. „O Bett, o Bett, köstliches Bett, Himmel auf Erden für das müde Haupt", wie der arme Thomas Hood sang, du bist uns quengelnden Jungen und Mädchen eine gütige Kinderfrau. Gescheit und töricht, ungezogen und brav – du nimmst uns alle auf deinen mütterlichen Schoß und bringst unser launisches Weinen zum Schweigen. Der Starke voller Sorgen, der Kranke voller Schmerzen, das Mägdelein, das um den treulosen Liebsten weint – wie Kinder legen wir den schmerzenden Kopf an deinen weißen Busen, und du singst uns sanft in den Schlaf. Schlimm sind wir dran, wenn du dich abwendest und uns nicht trösten magst. Wie lange der Morgen auszubleiben scheint, wenn wir nicht schlafen können! Ach, diese schrecklichen Nächte, in denen wir uns fiebernd und von Schmerzen geplagt herumwälzen, in denen wir wie Lebende unter den Toten liegen und in die dunklen Stunden starren, die langsam, so langsam zwischen uns und dem Licht dahinziehen. Und ach, diese noch schrecklicheren Nächte, in denen wir leidend zusammensitzen, das ersterbende Feuer uns hin und wieder mit einem herabfallenden Stück Schlacke erschreckt und das Ticken der Uhr wie ein Hammer ist, der Schlag für Schlag auf das vor unseren Augen vorbeiziehende Leben fällt.

Aber genug von Betten und Schlafzimmern. Ich habe mich selbst für einen Faulenzer zu lange bei ihnen aufgehalten. Gehen wir nach draußen, eine rauchen. Auch darüber vergeht die Zeit, und es macht keinen so schlechten Eindruck. Tabak ist ein Segen für uns Faulenzer. Womit die Staatsbeamten vor Sir Walter Raleigh ihren Geist beschäftigt haben, kann man sich nur schwer vorstellen. Dass die jungen Männer im Mittelalter so händelsüchtig waren, führe ich gänzlich auf das Fehlen jenes beruhigenden Krautes zurück. Sie hatten nichts zu tun und konnten nicht rauchen, und das Ende vom Lied war, dass sie ständig stritten und rauften. Wenn zufällig einmal kein Krieg war, zettelten sie eine mörderische Fehde mit dem nächsten Nachbarn an, und wenn ihnen dann noch ein wenig freie Zeit blieb, diskutierten sie darüber, wessen Liebste die Schönste sei, wobei auf beiden Seiten als Argumente Schlachtäxte, Keulen und dergleichen eingesetzt wurden. Wenn sich im zwölften Jahrhundert ein Jüngling verliebte, trat er nicht drei Schritte zurück, sah ihr tief in die Augen und erklärte, sie sei zu schön, um wahr zu sein, sondern sagte, er würde nach draußen gehen und die Sache regeln. Und wenn er draußen auf einen Mann traf und ihm den Schädel einschlug, war damit bewiesen, dass seine – des Ersten – Liebste ein schönes

Mädchen war. Wenn aber der andere ihm – nämlich dem Ersten – den Schädel einschlug, weil der für ihn nur der andere war, der … Also passen Sie mal auf: Wenn A dem B den Kopf einschlug, war die Liebste von A ein schönes Mädchen, aber wenn B dem A den Kopf einschlug, war die Liebste von A kein schönes Mädchen, wohl aber die Liebste von B. Das war so ihre Art der Kunstkritik.
Heutzutage zünden wir uns ein Pfeifchen an und überlassen es den Mädels, die Sache unter sich auszutragen. Sie machen das sehr gut. Sie nehmen uns nach und nach alle Arbeit ab. Sie sind Ärztinnen und Anwältinnen und Künstlerinnen. Sie leiten Theater und fördern Betrügereien und geben Zeitungen heraus. Ich freue mich auf die Zeit, wenn wir Männer bis zwölf im Bett liegen, zwei Romane am Tag lesen, ganz für uns einen netten kleinen Five o'clock Tea nehmen können und unser Hirn mit nichts Schwerwiegenderem zu belasten brauchen als mit Erörterungen über die neuesten Hosenschnitte und Überlegungen, aus welchem Stoff der Mantel von Mr. Jones war und ob er gut saß. Herrliche Aussichten – für Faulenzer.

Hans Fallada

Ruhe, jetzt wird gearbeitet!

Ein paar Tage gehe ich noch still umher. In meinem Kopf wiederholt sich mit hartnäckiger Regelmäßigkeit ein ganz bestimmter Satz, der erste Satz meines neuen Romans. Wenn ich mit dem Hund spazieren gehe, oder wenn das Licht gelöscht ist, im Einschlafen, oder mitten in unserer fröhlichen Tischrunde überfällt es mich, und ich fange an, die erste Szene aufzubauen. In der großen Linie weiß ich längst, wie der neue Roman laufen wird, aber nun arbeitet mein Kopf an dem ersten Kapitel, was der sagen wird, wie jene Person einzuführen ist. Mein Kopf ist hartnäckig, unerbittlich kaut er den Stoff des ersten Kapitels immer wieder durch. Ärgerlich sage ich zu ihm: ‚Ja, ja, das weiß ich nun schon, mein Lieber! Denk doch mal über das zweite Kapitel nach!'

Aber das will er nicht. Er will sich jetzt nur mit dem ersten Kapitel beschäftigen; bis das niedergeschrieben ist, weigert er sich, über das zweite nachzudenken. Also muss ich mich zur Niederschrift des ersten entschließen.

Ich nehme all meinen Mut zusammen, ich benutze einen Augenblick, da ich mit Suse allein bin, und sage zu ihr: „Du, Suse, ich glaube, ich fange wieder mit Arbeiten an ..."
„O Gott, Junge!", ruft sie und schaut mich erschrocken an. „Schon wieder? Und du hast mir fest versprochen, diesmal mindestens ein Vierteljahr Pause zu machen! Du warst das letzte Mal völlig erledigt, als du fertig warst!"
„Ja, ich weiß", gebe ich schuldbewusst zu. „Diesmal wollte ich auch bestimmt gründlich ausruhen. Aber die Sache ist die, dass mein Kopf plötzlich wieder zu arbeiten angefangen hat, ich wollte es wirklich nicht. Und nun predigt er mir ewig den gleichen Text vor, und wenn ich ihn jetzt nicht niederschreibe, so wird er abgestanden und verbraucht, und ich habe ihn für ewig verloren."
„So lass ihn verlorengehen!", ruft Suse. „Dir fällt immer wieder etwas Neues ein. Du musst dich wirklich einmal gründlich ausruhen. Du machst eigentlich überhaupt keine Pause mehr zwischen deinen Arbeiten!"
„Suse", sage ich vorwurfsvoll, „sage doch bloß so was nicht! Ich habe jetzt volle drei Wochen pausiert. In diesen drei Wochen habe ich alles aufgearbeitet, was liegen geblieben war. Ich habe sämtliche Rohbilanzen gemacht,

die Kasse stimmt auf den Pfennig. Ich habe die Bücher neu geordnet, und das Bücherverzeichnis ist auf dem Laufenden, auch das Schallplattenverzeichnis. Alle Fotos sind eingeklebt, alle Schränke geordnet. Ich habe den Schalter in deinem Zimmer repariert und aus der Senkgrube den silbernen Löffel gefischt, den Achim reingeworfen hatte. Meine Bienen sind versorgt, ich habe sogar schon den Bestellplan für das nächste Jahr gemacht und den Kunstdüngerbedarf ausgerechnet. Meine Briefmappe ist völlig leer, ich weiß keinen Menschen mehr, an den ich schreiben könnte. Suse", sage ich bittend, „ich komme mir ohne Arbeit wie der überflüssigste Mensch von der Welt vor, ich muss wieder arbeiten!"

„Aber ruhe dich doch einmal richtig aus! Lege dich doch im Liegestuhl in die Sonne und lies ein Buch. Bade. Geh mit den Kindern spazieren. Nimm richtig einmal Urlaub, wie es jeder vernünftige Mensch tut."

„Aber da ist dieser Stoff, den ich im Kopf habe", widerspreche ich hartnäckig. „Es ist ein hübscher kleiner Stoff, ich möchte ihn nicht gerne verlieren."

„Du wirst ihn schon nicht verlieren!", ruft Suse wieder. „Wenn du es hier nicht aushalten kannst, so geh ein bisschen auf Reisen. Deine Mutter schreibt schon so lange, warum du gar nicht kommst? Zwei Jahre bist du jetzt nicht bei ihr gewesen!"

„Ach, Reisen!“, sage ich. „Du weißt, ich vertrage das Reisen nicht, ich kann nicht unter so vielen Menschen sein. Und dann das ewige Reden … Nein, am wohlsten fühle ich mich hier in meiner Höhle. Ich möchte mit Arbeiten anfangen.“

„Ja“, sagt Suse bitter. „Das möchtest du. Und ich weiß ja auch, alles Reden nützt nichts, wenn du dir das erst einmal in den Kopf gesetzt hast. Aber wenn du fertig bist, klappst du wieder zusammen, und ich kann dich als halbe Leiche in ein Sanatorium schaffen –!“

„Diesmal klappe ich bestimmt nicht zusammen!“, sage ich siegesgewiss. „Diesmal wird es ja nur ein Romänchen, 350, höchstens 400 Druckseiten. Ich habe gedacht, Suse“, fahre ich überredend fort, „ich setze mein Tagespensum auf sechs Druckseiten fest. Dann kann ich vormittags noch mit dem Hund spazieren gehen und habe den Nachmittag für allen Kleinkram frei. Das ist doch wirklich ein bequemer Arbeitsplan!“

„Das von den sechs Druckseiten täglich“, sagt Suse, „das habe ich nun schon bei jedem Roman von dir gehört, und nie hast du es eingehalten. Zum Schluss schreibst du dann doch wieder 20 oder gar 25 und schläfst überhaupt nicht mehr!“

„Aber Suse“, lächle ich überlegen. „Das kann bei diesem Romänlein nun wirklich nicht passieren. Wenn ich

20 Druckseiten am Tage schreiben wollte, so wäre ich in vierzehn Tagen mit dem ganzen Buch durch. So was tue selbst ich nicht!"

„Ach, red du!", meint Suse ärgerlich. „Aber wem nicht zu raten ist, dem ist auch nicht zu helfen! Wann willst du denn anfangen?"

„Ich habe gedacht, morgen ..."

„Und in welchem Zimmer willst du diesmal arbeiten?"

„Ich nehme das Balkonzimmer. Es ist doch am ruhigsten. Man hört dort nichts vom Hof und von der Küche."

„Aber wenn jemand im Garten ist, wirst du gestört."

„Das wird ja diesmal alles gar nicht so schlimm. Sechs Seiten Tagespensum, das ist doch nur ein Klacks für mich. Ich bin augenblicklich auch gar nicht sehr geräuschempfindlich und schlafe für meine Verhältnisse ganz gut."

„Also schön", ergibt sich Suse. „Dann werde ich allen im Haus Bescheid sagen, dass du von morgen an arbeitest. Die werden sich aber freuen –!"

Erleichterten Herzens begebe ich mich in mein künftiges Arbeitsgemach hinauf und fange an, mich einzurichten. Die Aussprache mit Suse liegt hinter mir, sie ist einverstanden, dass ich wieder arbeite. Gottlob, dass dies Schwerste erledigt ist!

Mark Twain

Über Tagebücher

Zu gewissen Zeiten wird es der liebste Ehrgeiz eines Menschen, einen getreuen Bericht über sein Tun in einem Buch aufzubewahren, und er stürzt sich in diese Arbeit mit einer Begeisterung, als ob ein Tagebuch zu führen die heiligste Pflicht und der größte Genuss in der Welt sei. Aber wenn er nur einundzwanzig Tage verlebt hat, so wird er finden, dass nur jene seltenen Naturen voll Ausdauer, Hingebung an die Pflicht und unbesiegbarer Entschlossenheit sich an ein so gewaltiges Unternehmen, wie es das Führen eines Tagebuchs ist, wagen können, ohne eine schmachvolle Niederlage zu erleiden. Als ich auf der Quaker City meine erste Reise nach Europa machte, hatten wir an Bord einen jungen Mann namens Jack. Dieser prächtige junge Bursche hatte ein Tagebuch angefangen und pflegte über seine Fortschritte jeden Morgen in der glühendsten und aufgewecktesten Weise zu berichten. Eines Tages fing er an: „Oh, ich komme höllisch gut fort damit. Ich schrieb letzte Nacht zehn Seiten in mein Tagebuch – und wissen Sie, ich hatte die Nacht vorher neun und die Nacht vor dieser zwölf geschrieben. Je nun, das ist reiner Spaß."

„Was finden Sie denn Aufzeichnenswertes, Jack?"

„Oh! Alles. Breite und Länge, Mittagszeit jeden Tag, und wie viele Meilen wir in den letzten vierundzwanzig Stunden gemacht haben, und alle die Spiele Domino und Pferdebillard, die ich gewonnen habe, und Walfische und Haie und Schweinfische und sonntags den Text der Predigt (wissen Sie, weil das zu Hause was gelten wird), und die Schiffe, die wir salutierten, und welcher Nation sie angehörten, und was für Wind war, und ob es eine schwere See gab, und was für Segel wir führten, obwohl wir eigentlich niemals welche führen, da wir immer den Wind von vorn haben – möchte wissen, was der Grund davon ist – und wie viele Lügen Moult uns erzählt hat. Oh, alles! Ich habe alles schwarz auf weiß. Mein Vater hieß mich dieses Tagebuch führen. Vater würde es nicht für tausend Dollar hergeben, wenn ich's fertig kriegte."

„Nein, Jack, es wird mehr als tausend Dollar wert sein – wenn Sie es fertig kriegen."

„Meinen Sie? Aber Sie denken wohl, ich kriege es nicht fertig?"

„Ja, es wird wenigstens tausend Dollar wert sein, wenn Sie es vollenden. Vielleicht mehr noch."

„Na, ich denke halb und halb ebenso. Ich bin nicht ungeschickt im Führen eines Tagebuches.“

Eines Abends sagte ich später in Paris, nachdem wir uns mit der Besichtigung von Sehenswürdigkeiten abgearbeitet, zu ihm: „Nun will ich gehen und ein Weilchen um die Cafés herumstrolchen, Jack, und Ihnen Gelegenheit geben, Ihr Tagebuch weiterzuführen, alter Junge.“

Sein Gesicht verlor sein Feuer. Er sagte: „Na, das braucht Sie nicht zu kümmern. Ich denke, ich werde dieses Tagebuch nicht weiter fortsetzen. Es ist furchtbar langweilig. Wissen Sie wohl, dass ich viertausend Seiten noch nachzureiten hätte. Ich habe noch gar nichts über Frankreich drin. Erst dachte ich, ich wollte Frankreich weglassen und von Frischem anfangen. Aber nicht wahr, das ginge nicht an. Der Alte würde sagen: Hallo, was ist das – nichts von Frankreich gesehen? Dann dachte ich, ich wollte Frankreich aus dem Reiseführer abschreiben, wie der alte Badger in der Vorderkajüte, der ein Buch schreibt, aber es sind mehr als dreihundert Seiten darüber. Oh, mir scheint, ein Tagebuch hat gar keinen Nutzen, nicht wahr? Nichts als Plack und Langeweile, nicht wahr?“

„Ja, ein unvollständiges Tagebuch hat gar keinen Nutzen, aber ein gehörig geführtes Tagebuch ist seine tau-

send Dollar wert – wenn man es fertig hat.“
„Tausend – nun ja, das sollt ich meinen. Ich aber möchte es für eine Million nicht fertig machen.“
Seine Erfahrung war nur die Erfahrung der Mehrzahl derjenigen unserer Reisegesellschaft, welche gleich ihm ein Tagebuch führten. Wenn man einem jungen Menschen eine unbarmherzige und bösartige Strafe auferlegen will, so verpflichte man ihn, ein Jahr lang ein Tagebuch zu führen.

Mark Twain

Über das Briefeschreiben

Ich glaube, es gibt kaum etwas auf der Welt, was uns allen so widerwärtig ist, als die Pflicht, einen Brief zu schreiben – besonders einen Privatbrief. Geschäftsbriefe sind übrigens nur wenig angenehmer. Fast alle Freude über einen Brief, den ich erhalte, wird mir durch den Gedanken vergällt, dass er beantwortet werden muss. Ja, ich fürchte mich so sehr vor der Qual, solche Antworten auf der Seele zu haben, dass mich häufig die Lust anwandelt, meine ganze Post ins Feuer zu werfen, statt sie zu öffnen.

Zehn Jahre lang ist mir diese Furcht erspart geblieben, weil ich fortwährend umherzog, von Stadt zu Stadt, von Staat zu Staat und von Land zu Land. Da konnte ich, ganz nach Gefallen, sämtliche Briefe unbeantwortet lassen, die Absender derselben nahmen natürlich an, dass ich meinen Aufenthaltsort gewechselt habe und ihre Zuschriften fehlgegangen seien.

Jetzt kann ich aber leider diese Form der Täuschung nicht mehr anwenden. Ich bin vor Anker gegangen, bin festgefahren – und nun kommen die tödlichen

Geschosse, die Briefe aller Art, schnurgerade auf mich losgeflogen.
Es sind Briefe der verschiedensten Gattung und sie behandeln die mannigfaltigsten Gegenstände. Ich lese sie meist beim Frühstück und sehr oft verderben sie mir mein ganzes Tagewerk; sie leiten meinen Gedankengang in neue Kanäle, das Arbeitsprogramm, welches ich mir für meine Schreiberei aufgestellt habe, gerät in Verwirrung, ja es wird wohl auch gänzlich umgestoßen. Nach dem Frühstück werfe ich mich gewöhnlich ins Geschirr und versuche eine Stunde lang fleißig zu schreiben, aber ich komme nur mühsam vorwärts, da die Briefe immer wieder in meine Gedanken eingreifen. Die Sache hat keinen rechten Fluss, ich gebe sie zuletzt auf und verschiebe alle weiteren Bemühungen auf den nächsten Tag.
Man sollte meinen, ich würde mich nun schleunigst daran machen,

die Briefe zu beantworten und aus dem Wege zu schaffen. Alle Musterknaben, von denen wir lesen, dass sie barfuß nach New York gewandert kommen und im Laufe der Zeit zu unverschämten Millionären werden, hätten damit sicherlich keinen Augenblick gezögert – aber ich bin nicht wie sie.

Es fällt mir gar nicht ein, die Gewohnheiten jener Leute anzunehmen, denn ich werde nie ein Millionär werden. Wäre ich darauf ausgegangen, so hätte ich nicht gleich von vornherein den verhängnisvollen Missgriff begehen dürfen, Stiefel an den Füßen zu tragen und mehr als vierzig Cents in der Tasche zu haben, als ich in New York einzog.

Wie hätte ich nach einem so verkehrten Beginn meiner Laufbahn noch den Versuch machen sollen, mir Reichtümer zu erwerben? Man würde mich nur mit dem größten Misstrauen betrachtet haben und mich einfach zum Betrüger stempeln.

Deshalb verzichte ich also darauf, in die Fußstapfen dieser Krösusse zu treten und meine Briefe mit kaufmännischer Pünktlichkeit und Schnelligkeit zu beantworten. Ich setze meine Arbeiten einen Tag lang aus, und die aufgeschichteten Briefe von heute bleiben bei denen liegen, welche gestern, vorgestern und von allen früheren Daten angekommen sind.

Erst wenn der Haufen so angewachsen ist, dass mir angst und bange davor wird, blase ich zum Angriff und laufe Sturm, manchmal fünf volle Stunden lang, zuweilen sogar sechs.
Und wie viele Briefe beantwortete ich in dieser Zeit? Nie mehr als neun, oft auch nur fünf bis sechs. Der Korrespondent in einem großen kaufmännischen Geschäft würde in einer solchen Reihe von Stunden wenigstens hundert Antworten zu Papier bringen.
Einem Mann, der Jahre damit zugebracht hat, für die Presse zu schreiben, kann man aber eine solche Federgewandtheit unmöglich zutrauen.
Aus alter Gewohnheit knüpft er dabei einen Gedanken an den andern; geduldig zerbricht er sich minutenlang den Kopf, um auf eine unwichtige Zuschrift die passende Erwiderung zusammenzudrechseln, und so verfließt ihm unversehens die kostbare Zeit.
Mir ist es in den letzten Jahren förmlich zur andern Natur geworden, Schriftstücke jeder Art – selbst Privatbriefe nicht ausgeschlossen – mit Sorgfalt und reiflicher Überlegung abzufassen. Die Folge davon ist, dass ich das Briefeschreiben hasse, und ich habe noch bei allen meinen Bekannten, die für Zeitungen und Journale arbeiten, eine ähnliche Abneigung dagegen gefunden.

Obige Bemerkungen sollen nur zur Erklärung und zu meiner Entschuldigung bei allen den Leuten dienen, welche mir über allerlei Angelegenheiten geschrieben haben, ohne eine Antwort zu erhalten.
Einmal übers andere habe ich im guten Glauben, dass es mir gelingen würde, wirklich versucht, ihnen zu antworten. Einiges konnte ich wohl erledigen, aber, unwiderruflich blieb doch die Mehrzahl der in der letzten Woche eingegangenen Briefe bis zur nächsten liegen.
Die Folge war dann jedes Mal, dass die sich aufhäufenden Briefe zuerst eine vorwurfsvolle Miene annahmen, dann mir grimmige Blicke zuwarfen, als wollten sie mir eine Strafpredigt halten, und zuletzt ein so beleidigendes, unverschämtes Gesicht machten, dass mir die Geduld ausging. Wenn das geschah, öffnete ich die Ofentür und statuierte ein Exempel an ihnen.
Und siehe da – sofort war jedes bedrückende Gefühl über vernachlässigte Pflichten verschwunden und alle meine verlorene Seelenheiterkeit kehrte zurück.

Kurt Tucholsky

Was machen Menschen, wenn sie allein sind?

Diese Frage hat Maxim Gorki einst gestellt, und er hat sie fast tragisch beantwortet. Vor allem: Er hat sie für Russen beantwortet. Was aber tun brave Mitteleuropäer?

Zunächst ist festzustellen, dass in dem Augenblick, wo der Mann allein ist, etwas von ihm fällt, eine dünne Haut – eine zarte Maske ... Einer der größten deutschen Denker, Lichtenberg, hat einmal die Beobachtung aufgezeichnet, wie Menschen in Nebenstraßen ein anderes Gesicht aufsetzen als in Hauptstraßen. Daran ist viel Wahres. Was also tut der Mann, wenn er allein ist?

Ist er ohne feste Beschäftigung, so wird fast jeder Mann um etliche Jahre jünger: Er beginnt, wenn auch nicht zu spielen, so doch seinem Spieltrieb leise nachzugehen. Es ist viel Jungenhaftes, was sich da meldet. Ich glaube, dass kinematografierte Menschen, die allein sind und sich unbeobachtet glauben, zu dem Komischsten gehören müssen, was es gibt.

Die Tür ist zugefallen, du bist allein. Was nun?

Die Sache fängt für gewöhnlich damit an, dass man bei ganz vernünftigen Handgriffen mit etwas völlig Sinnlosem beginnt. (Ein kaum wahrnehmbarer Schleier von Irrsinn liegt auf Leuten, die allein sind.) Du nimmst die Bürste, das ist wahr – aber dabei hebst du einen Kamm auf, und wenn du auch nur eine Minute Zeit hast, balancierst du den ein bisschen, und wenn du nicht balancierst, dann fängst du an, irgendetwas in Reih und Glied zu legen, und wenn du nicht in Reih und Glied legst (was sehr beruhigt), dann trommelst du mit dem Nagelreiniger auf einer Seifenschale … Welcher Oberregierungsrat hätte noch nie im Bad mit dem Thermometer Schiffchen gespielt!

Auch ist sehr schön, Männer, die allein sind, singen zu hören. Dass die Majorität so schön singt wie Suzanne Lenglen, mag noch hingehen. Aber was sie so singen! Zunächst: fünfzigmal dasselbe Lied, nein, denselben Liedfetzen, dieselben paar Takte, immer sentimentaler, immer falscher – immer im Rhythmus dessen, was sie grade tun … Auch verwandelt sich der Text leicht in einen völlig wahnsinnigen Indianergesang:

Valencia!
Lass mich wippen, wippen, wippen
auf den Klippen, Klippen, Klippen –
mit der ganzen Kompanie –!

Das klingt nach der einundsechzigsten Wiederholung ganz menschlich. Auch kann man es pfeifen.
Dann gibt es etliche, die sprechen sehr leise mit ihren Sachen. Es erhebt sehr, wenn man die Arbeit mit frommen Sprüchen begleitet. „Wo ist denn der Schuh? Wo ist denn der Schuh?“ (Jetzt kleiner Opernchor: Schuhschuh – Schuhschuh – Schuuhuuhuu –!) Dann: „Na, da bist du ja! Vielleicht lässt du dich noch drei Stunden suchen. Hund!“ (Rrrumms, an die Wand.) Großes Orchester: „Trararaaha –!“ Gesprochen: „Das Zahnwasser ist alle.“ Gejodelt: „Alléhallé –!“ So an sonnigen Tagen.
Für alle Tage aber gilt eines, das bei allen Alleinseiern zu beachten ist, wenn die nicht gerade in acht Minuten sich anziehen müssen, um ins Geschäft zu stürzen: Das sind die amüsanten kleinen Umwege, die ihre Betätigung vornimmt. Sie macht Kurven, schlägt bogen, spielt unterwegs, verbraucht den Kräfteüberschuss, den jeder gesunde Mensch innehat … Und das ist bei der Arbeit nicht anders.
In Sinclair Lewis' herrlichem *Babbitt* steht zu lesen, wie der Held dieses amerikanischen Romans arbeitet, wie er Zettelchen vollschmiert, und ich bin überzeugt, dass wir alle so zu „malen“ beginnen, wenn wir das tun, was wir mit Denken bezeichnen. (Es ist bekannt,

dass die meisten Menschen keinem Redner zuhören können, ohne Männerchen zu zeichnen.) Es ist, als ob neben der eigentlichen Kraft des Arbeitsmotors noch ein Nebenstrom herliefe, der Schnitzel und Späne auf einer Säge produziert. Nutzen hat das keinen, aber ohne den Strom geht es auch nicht ... Arbeitet einer mit andern zusammen im großen Büro, so lässt er seinen Eigenheiten im Allgemeinen nicht so ungehinderten Lauf, hat er aber ein „Privatkontor“, so schöpft er aus dem großen Reservebehältnis einer angeblichen Kraftverschwendung neue Kräfte. Dazu hat der Mensch seine Nägel, die Ohren, die Krawatte – die Beschäftigung mit diesen Dingen stärkt sehr. Und aus der unergründlichen Tiefe eines Spiels mit dem Manschettenknopf und einem Blaustift steigen schwerwiegende Entschlüsse auf ... Soweit die Männer, diese ewigen Jungen.

Kinder sind oft allein, auch wenn sie gar nicht allein sind. Sie spielen, in einer Hülle von Jugend und Unbekümmertheit, die nur selten zerreißt: wenn sie Hunger haben oder sonst etwas Wichtiges wollen.

Was Frauen tun, wenn sie allein sind, ahne ich nicht. Ein Weiser hat behauptet, eine Frau sei überhaupt nie allein – sie stelle sich stets jemand vor, und sei es auch nur einen Spiegel. Ich denke, dass sich ein Mann da kein Urteil erlauben kann: denn ist er mit einer Frau allein, dann ist sie nicht mehr allein, er stört sehr, und so mag diese Frage eine Frau entscheiden.

Julius Kreis

Gesicht der Woche

Natürlich hat jeder Stand, jeder Beruf, jede Klasse – nicht zuletzt jede Person für jeden Wochentag eine besondere Zu- oder Abneigung. Dem einen ist der Sonntag, dem andern der Freitag sympathisch, jenem der Dienstag grässlich und diesem der Donnerstag.
Aber die Tage der Woche haben außerhalb der persönlichen Wertung noch ein allgemeines Gesicht, ein bestimmtes Profil, das für tausend – ja Millionen Menschen gleich ist.
Da ist der Montag. Sein Gesicht ist sauer, verkatert, unlustig auf der ganzen Welt. Am Montagfrüh ist das Aufstehen besonders schwer, seine Morgenstunde hat nicht Gold im Mund, sondern, wie der Volksmund spricht: Blei im Hintern. Scheint die Sonne, so verdrießt uns das, weil wir den schönen Tag an unseren Laden geschmiedet, an unsere Deichsel geschirrt sind, regnet es, so sagen wir gekränkt: Das auch noch, wo ohnedies Montag ist! Der Montag ist der Tag der knurrigen Antworten, der kniffligen Vorgesetzten, der grantigen Ehemänner, der Tag der eingetrockneten

Tintengläser und verrosteten Handwerkszeuge, der Tag, an dem wir uns mit hundert kleinen Beschäftigungen um die Arbeit drücken wollen, der Tag der Fleischpflanzerl und anderer wehmütiger Erinnerungen aus dem Überfluss des Sonntags.
Selten, dass sich jemand am Montag verliebt. Aber wie viele Abschiedsbriefe werden da geschrieben! Der Waschtag ist, und der Vereinskassierer holt den Beitrag, der Postbote erhebt eine Nachnahme, der verdammte Backenzahn tut weh und der Kopf und der Bauch. Am Montag sind wir alle wieder Buben, die an der „Schulkrankheit" leiden, aber niemand ist mehr da, der einen Zettel schreibt: „Werter Herr Lehrer! Da meinem Kind unwohl ist, kann es leider nicht die Schule besuchen."
Erst gegen Abend kommt der Tag ein bisschen ins Rollen. Unser Gasthaus ist leer, die Montags-Stammtische sind selten. Früh geht alles Geflügel schlafen.
Am Dienstag haben wir uns mit der betrüblichen Tatsache unserer Existenz abgefunden. Wir sind jetzt auf Touren gebracht. Am Dienstag wird geplant und verordnet, da klingen die Stimmen sachlich und unbelegt, da wird angeschafft und ausgeführt und selbst notorische Drückeberger verbringen den Tag damit, einen Organisationsplan für die geplanten Arbeiten der Woche aufzustellen. Mittags gibt es frisches Rind-

fleisch, gesotten. Am Dienstag zu faulenzen schafft richtige Gewissensbisse. Der Feierabend gehört dem Buch, der Zeitung, der Bildung, und nur gewohnheitsmäßige Trinker, Liederjane, Herumhocker und Junggesellen pendeln in ihre unterschiedlichen Kneipen.
Der Dienstag ist metallisch, klar, vernünftig, er ist sozusagen der Preuße unter den Wochentagen. Kategorischer Imperativ, verbunden mit strammem Exerziermarsch.
Der Mittwoch ist viel rundlicher, behäbiger, hat sozusagen eine kleine Gipfelrast in sich. Das Arbeitstempo geht ganz leise auf unserem Tachometer zurück, von siebzig Kilometer auf vierzig, auf dreißig. So fährt man auch noch gut. Manche legen schon einen kleinen Nachmittagsbummel ein, einen Schwatz im Kaffeehaus. Der Abend gehört – werte Gattin, ich gehe jetzt seit Sonntag das erste Mal aus – dem Stammtisch, der Vereinssitzung, dem Kino, dem Vortragsabend, gehört der Fortsetzung, beziehungsweise Anbahnung gefühlsbetonter Beziehungen zum anderen Geschlecht, ebenso weit weg vom Sonntag, dass das Wiedersehen Freude macht. Mittags gibt es gesottenes Schweinefleisch. Am nächtlichen Heimweg freuen wir uns schon leise auf das „Weekend“: denn der Mittwoch ist ein kleiner Vetter vom Samstag.

Der Donnerstag, im Zeichen der Schlachtschüssel, gehört wieder ganz einer braven, emsigen Arbeitsamkeit. Wir sind im Schuss. Aber anders als der Dienstag ist der Donnerstag schon sanft bestrahlt vom Samstag-Sonntag. Als „Lohn dem Fleiße“ duften abends köstliche Leber- und Blutwürste auf dem Tisch. – Einladungen und kleine Festlichkeiten werden nicht ungern auf diesen Tag verlegt, an dem die Gäste wahrscheinlich nichts „vorhaben“, infolgedessen sagen viele ab, weil sie schon eingeladen sind.

Der Freitag ist ganz zu Unrecht als Unglückstag verrufen. Ist er doch der Vor-Vortag des Sonntags. Wir sehen wie nach langer Wanderung von Weitem schon die Herbergsfahne über dem nächsten Hügel wehen. Das letzte Stück schaffen wir auch noch! Und das beschleunigt unsern Marsch. Müde werden immer mobil, wenn's der Rast zugeht.

Aus der Kuche duftet es lieblich nach Schmalzgebackenem und Fisch. Vom Abreißkalender entfernen wir die letzten acht Tage und lesen, was hervorragende Dichter und Denker sich für die einzelnen Wochentage, anschließend an den Kuchenzettel, ersonnen und erdacht haben. Wir blättern im Fahrplan und rufen Freunde an wegen eines Wochenend-Projekts. Feiertagsstimmung weht schon am Freitagnachmittag. Der

Abend gehört nicht selten dem edlen Tarock- oder Schafkopfspiel.

Der Samstag ist eigentlich der Beste. Denn in der Vorfreude ist das Glück am schönsten. Viele Leute singen oder pfeifen an diesem Tag zu ihrer Arbeit, falls dies nicht ausdrücklich verboten ist. Mittags grüßt uns der Kalbsbraten, nachmittags zum Kaffee eine Schlagrahmtorte. Wir schmökern in den neu erschienenen Zeitschriften, wir kaufen ein, wir kriegen frischgebügelte Wäsche ins Haus, wir sind gegen Abend von einer heiteren Emsigkeit, uns für das Vergnügen zu rüsten. Wir sind vor allem voller Erwartung auf etwas Besonderes, auf den Zufall, auf das Schicksal. Samstag ist wie ein kleiner Weihnachtstag.

Dem Sonntag einen Steckbrief zu schreiben erübrigt sich. Seit seiner Erschaffung ist er in hunderttausend Zungen und Liedern gepriesen als der Hätschelhans unter den Tagen, der Tag, für den sich überhaupt lohnt, die sechs anderen zu leben. Gut! Soll er seine drei Sterne im Lebensbaedeker haben!

Sonntagskinder mochten wir ja alle sein! Und hat's bei uns nicht gereicht, das große Los des Sonntagskinds zu ziehen – nun, so haben wir doch eine kleine Glücksprämie: jede Woche ein Samstagabendkind zu sein.

Horst Evers

Die amtliche Führungspersönlichkeit

Samstagmorgen. Sitze im Café vor einem dieser Psychotests aus einer Zeitschrift: „Sind Sie eine echte Führungspersönlichkeit?" Bin leider erst bis Frage 3 gekommen: „Fällt es Ihnen manchmal schwer, Entscheidungen zu treffen? A: Ja, immer; B: Häufig; C: Selten; D: Nein, nie."

Bppphhh … keine Ahnung, seit gut einer halben Stunde denke ich da jetzt schon drüber nach. Diese Psychotests können manchmal ganz schön knifflig sein. Obwohl, also wenn ich jetzt wirklich mal ganz ehrlich bin, eigentlich ist es ja doch relativ einfach. Kreuze Antwort D, also „Nein, nie" an. Gott sei Dank, denn ohne die Punkte für diese Frage wäre es wahrscheinlich ziemlich schwierig geworden, noch die höchste Kategorie „Ja, Sie sind eine geborene Führungspersönlichkeit" zu erreichen.

Ich bin ziemlich gut in solchen Psychotests. Ich erreiche praktisch immer die höchste Kategorie. Kürzlich dachte ich deshalb tatsächlich mal, wie es eigentlich sein kann, dass jemand wie ich, der laut diesen Tests, also quasi amtlich, eine geborene Führungspersönlichkeit, ein guter Menschenkenner, ein zielstrebiger Charakter und ein Siegertyp ist, dass so jemand ein derartiges Chaos in seinen Sachen hat, ständig zu spät kommt, ziemlich häufig verliert und jeden zweiten Termin verpennt. Ehe jetzt irgendwer irgendwelche Schlaumeiertheorien aufstellt, möchte ich gleich hinzufügen, ich habe auch einen Psychotest, der eindeutig beweist, dass ich sehr, sehr ehrlich zu mir selbst bin, und einen weiteren Test, der mir darüber hinaus eine extrem gute Selbstwahrnehmung bestätigt.

Also daran kann es schon mal nicht liegen. Bleibt eigentlich nur eine echte, logische Erklärung: Das Ganze ist einfach Pech oder Zufall. Da kann man leider gar nichts machen. Trotz herausragender Fähigkeiten und Charaktereigenschaften kann es eben einfach passieren, dass man ohne jede eigene Schuld ein permanentes Chaos anrichtet, für sich und andere.

Aber immerhin gut zu wissen, dass dies sozusagen höhere Gewalt ist.
Die Kellnerin fragt, ob ich noch einen Kaffee oder irgendwas anderes möchte. Sage: Puuh, weiß ich jetzt auch nicht, sie soll entscheiden.
Zwei Minuten später bringt sie mir lächelnd einen Sekt. Super, ich glaube, sie mag mich, denn immerhin hätte sie mir ja auch einen Salbeitee oder eine Sprite bringen können, also irgendwas Ekliges eben. Aber weil sie mich mag, hat sie mir einen Sekt gebracht. Ich hätte niemals bemerkt, wie sympathisch ich ihr bin, wenn ich einfach selbstherrlich etwas bestellt hätte. Da habe ich wieder klug gehandelt. Ich habe zwar überhaupt keine Lust auf Sekt, und er schmeckt auch leider fast so wie Sprite, aber egal, Hauptsache, sie mag mich. Außerdem habe ich ja auch etwas zu feiern, immerhin konnte ich gerade durch den Test erfahren, dass ich eine echte Führungspersönlichkeit bin. Aber hallo, ich habe wieder eine Top-Punktzahl erreicht, speziell, weil ich mit der letzten Frage „Wer bestimmt in Ihrem Leben die Richtung? Antwort A: Allein ich“ nochmal volle acht Punkte einfahren konnte. Ich finde diese Psychotests einfach großartig. Man erfährt so viel über sich selbst, und gleichzeitig lernt man auch noch, wie eigentlich diese Selbstkontrolle der Finanzmärkte und

großen Wirtschaftskonzerne funktioniert. Die arbeiten in puncto Selbstkontrolle nämlich nach demselben Prinzip wie ich mit diesen Psychotests. Daher muss man dort auch immer so enorme Gehälter zahlen, um die Top-Leute halten zu können. Und wer jetzt sagt, das ist aber mal eine ziemlich plumpe Moral am Textende, dem sag ich gleich, ich habe auch einen Psychotest, der eindeutig nachweist, dass ich überhaupt nicht zum Moralisieren oder zur Klugscheißerei neige. Also bitte.

Rudyard Kipling

Wie das Kamel seinen Buckel bekam

Dies ist nun die nächste Geschichte und erzählt, wie das Kamel seinen Buckel bekam.
Im Anfang der Jahre, als die Welt so neu war und alles und die Tiere eben anfingen, für die Menschen zu arbeiten, war ein Kamel da, und es lebte in der Mitte einer heulenden Wüste (das soll heißen, die Wüste war mit Tiergeheul erfüllt), weil es keine Lust hatte zu arbeiten, und außerdem war es selbst ein Heuler. So aß es denn Stöcke und Dornen und Tamarinden und Gänsedisteln und war unverschämt faul. Und wenn jemand es anredete, sagte es: „Hm-buck!" Just: „Hm-buck!", und weiter nichts.
Am Montagmorgen kam das Pferd zu ihm, hatte einen Sattel auf dem Rücken und einen Zaum im Maul und sagte: „Kamel, o Kamel, komm heraus und trabe wie wir anderen."
„Hm-buck!", sagte das Kamel; und das Pferd ging fort und sagte es dem Mann.
Da kam der Hund mit einem Stock in seinem Maul und

sagte: „Kamel, o Kamel, komm und apportiere wie wir anderen.“

„Hm-buck!“, sagte das Kamel, und der Hund ging fort und erzählte es dem Mann.

Da kam der Ochs mit dem Joch auf dem Nacken und sagte: „Kamel, o Kamel, komm und pflüge wie wir anderen.“

„Hm-buck!“, sagte das Kamel, und der Ochs ging fort und sagte es dem Mann.

Am Ende des Tages rief der Mann das Pferd und den Hund und den Ochsen zusammen und sagte:

„Drei, o ihr drei, es tut mir leid um euch (wo die Welt so neu ist und alles); aber das Hm-buck-Ding in der Wüste kann nicht arbeiten, sonst würde es jetzt hier sein; so will ich es zufriedenlassen, und ihr müsst die doppelte Arbeit tun, um es zu ersetzen.“

Das machte die drei sehr verdrießlich (wo die Welt so neu war und alles), und sie hielten an dem Rande der Wüste ein Palaver und eine Untersuchung und ein Fünfmännergericht und ein Pau-Wau ab. Und das Kamel kam und kaute Gänsedisteln und war unverschämt faul und lachte sie aus. Dann sagte es: „Hm-buck!“, und ging wieder fort.

Da kam die Djinn daher, die die Aufsicht über alle Wüsten hat, und sie rollte heran in einer Wolke von

Staub (Djinns reisen immer auf die Art, weil es Zauberei ist), und sie hielt an bei dem Palaver und dem Pau-Wau der drei.

„Djinn aller Wüsten!“, sagte das Pferd, „ist es gut, dass einer faul ist, wo die Welt so neu ist und alles?“

„Gewiss nicht“, sagte die Djinn.

„Wohl“, sagte das Pferd, „da ist ein Ding in der Mitte deiner heulenden Wüste (und es ist selbst ein Heuler), und es hat einen langen Hals und lange Beine, und es hat nicht ein Strämel Arbeit getan seit Montagmorgen. Es will nicht traben.“

„Whuif!“, sagte die Djinn und pfiff. „Das ist mein Kamel, um alles Gold in Arabien! Was sagt es denn?“

„Es sagt ‚Hm-buck!‘“, sagte der Hund, „und es will nicht apportieren.“

„Sagt es sonst noch was?“

„Nur ‚Hm-buck!‘, und es will nicht pflügen“, sagte der Ochse.

Die Djinn wickelte sich in ihren Staubmantel und machte eine Luftschifffahrt durch die Wüste und traf das Kamel, unverschämt faul, und es sah nach seinem Spiegelbild in einem Wasserpfuhl.

„Mein langer und blasender Freund“, sprach die Djinn, „was muss ich von dir hören! Du willst keine Arbeit tun, wo die Welt so neu ist und alles?“

„Hm-buck!“, sagte das Kamel.
Die Djinn setzte sich nieder, stützte das Kinn in die Hand und begann, einen großen Zauber zu bedenken, während das Kamel sein eigenes Spiegelbild in dem Wasserpfuhl betrachtete.
„Du hast den dreien Extra-Arbeit gemacht, schon seit Montagmorgen, durch deine unverschämte Faulheit“, sagte die Djinn; und sie fuhr fort, Zauber zu bedenken, mit dem Kinn in der Hand.
„Hm-buck!“, sagte das Kamel.
„Ich würde das nicht noch einmal sagen, wenn ich du wäre“, sagte die Djinn. „Du könntest es einmal zu oft sagen, Blaser, ich will, dass du arbeitest.“
Und das Kamel sagte wieder: „Hm-buck!“ Aber kaum hatte es „Hm-buck“ gesagt, so sah es seinen Rücken, auf den es so stolz war, sich aufpuffen zu einem großen, dicken, wackelnden Höckerbuckel.
„Siehst du das?“, sagte die Djinn. „Das ist nun dein eigener Hm-buck, den du über deine eigene werte Person gebracht hast durch deine unverschämte Faulheit. Heute ist Donnerstag, und seit Montagmorgen, wo die Arbeit anfing, hast du nichts getan. Jetzt geh an die Arbeit.“
„Wie kann ich das“, sagte das Kamel, „mit diesem Hm-buck auf meinem Rücken?“

„Der ist mit Absicht gemacht", sagte die Djinn, „eben weil du drei Tage verbummelt hast. Du kannst nun drei Tage arbeiten, ohne zu essen, du kannst von deinem Hm-buck leben; und sag nur nicht, dass ich nichts für dich getan hätte! Komm heraus aus der Wüste und geh zu den dreien und benimm dich anständig. Hm-buck dich selber!"

Und das Kamel hm-buckte sich selbst und ging fort mit Hm-buck und allem zu den dreien. Und von dem Tage an bis heute trägt das Kamel einen Buckel. Aber die drei Tage, die es verbummelte, als die Welt so neu war und alles, hat es nie nachgeholt, und nie hat es gelernt, sich anständig zu benehmen.

Kurt Kusenberg

Schnell gelebt

Schon als Kind erregte er Verwunderung. Er wuchs wie aus der Pistole geschossen und gab das Wachsen ebenso plötzlich wieder auf. Beim Sprechen verhaspelte er sich, weil die Gedanken den Worten entliefen; er war blitzschnell in seinen Bewegungen und wurde oft gleichzeitig an verschiedenen Orten gesehen. Alljährlich übersprang er eine Schulklasse; am liebsten hätte er sämtliche Klassen übersprungen.

Aus der Schule entlassen, nahm er eine Stellung als Laufbursche an. Er war der einzige Laufbursche, der je gelaufen ist. Von seinen Botengängen kehrte er so rasch wieder zurück, dass man nicht annehmen konnte, er habe sie wirklich ausgeführt, und ihn deshalb entließ. Er warf sich auf die Kurzschrift und schrieb bald fünfhundert Silben in der Minute. Trotzdem mochte kein Büro ihn behalten, denn er datierte die Post um Wochen vor und gähnte gelangweilt, wenn seine Vorgesetzten zu langsam diktierten.

Nach kurzem Suchen, das ihn endlos dünkte, stellte man ihn als Omnibusfahrer ein. Mit Schaudern dachte

er später an diese Tätigkeit zurück, die darin bestand, einen fahrenden Wagen fortwährend anzuhalten. Vor ihm winkten Straßenfluchten, die zu durcheilen genussvoll gewesen wäre. An den Haltestellen aber winkten Leute, die einsteigen wollten, und ihnen musste er folgen.
Eines Tages aber achtete er der Winkenden nicht, sondern entführte den Omnibus in rasender Gangart weit über das Weichbild der Stadt; so fand auch diese Betätigung ein Ende. Der Fall kam in die Zeitungen und erregte die Aufmerksamkeit sportlicher Kreise. Seine Laufbahn vom Sechstagefahrer bis zum Rennfahrer war ein einziger Triumphzug. Große Firmen rissen sich um seine Gunst; die geldkräftigste obsiegte, sie machte ihn zum Teilhaber. In leitender Stellung bewährte er sich und war ein gefürchteter Verhandlungsführer, der seine Gegner verwirrte und überrannte.
Wenige Stunden nach dem Entschluss, einen Hausstand zu gründen, hielt er um die Olympiasiegerin im Hundertmeterlauf an, jagte mit ihr vom Stadion in das Standesamt und erzwang eine Notheirat. Gleiche Neigungen verbanden sich zu einzigartigen Leistungen. Die junge Frau setzte alles daran, hinter ihm nicht zurückzustehen. Sie erledigte ihre häuslichen Pflichten mit dem Zeitraffer, trug im Winter schon Sommer-

kleidung und gebar vor der Zeit, nämlich mit fünf Monaten, ein Fünfmonatskind, das schon in der Wiege fließend sprach und das Laufen noch vor dem Gehen erlernte. Sie erfand neue Schnellgerichte, die man im Flug einnahm und sogleich verdaute. Die Dienstboten wechselten täglich, später stündlich; endlich geriet sie an einen Speisewagenkoch und zwei Flugzeugkellner, die das Zeitmaß begriffen und blieben. Sie war ihrem Gatten in jeder Hinsicht eine Stütze.

Der fuhr fort, sein Leben zu beschleunigen. Da er viel schneller schlief als andere Leute, benötigte er weniger Schlaf. Wenn er sich ins Bett warf, träumte er schon, und bevor ihn der Traum recht umfangen hatte, war er bereits wieder wach. Er frühstückte in der Badewanne und las beim Anziehen die Zeitung. Eine eigens erbaute Rutschbahn beförderte ihn aus der Wohnung in das Auto, das mit angelassenem Motor vor der Haustür hielt und sofort davonschoss.

Er sprach so knapp, als telegrafierte er, und wurde von langsamen Menschen selten verstanden. Er versäumte keine sportliche Veranstaltung, bei der es um Schnelligkeit ging, und setzte Preise für Höchstleistungen aus; sie kamen nie zur Verteilung, weil die Bedingungen unerfüllbar waren. Einen Teil seines schnell erworbenen Vermögens steckte er in den Raketenbau. Die erste bemannte Rakete, die abgeschossen wurde, enthielt ihn. Es war die schönste Fahrt seines Lebens. Die Folgen eines so hastigen Daseins blieben nicht aus. Er alterte bedeutend rascher als seine Umwelt, war mit fünfundzwanzig Jahren silbergrau und mit dreißig ein gebrechlicher Greis. Ehe die Wissenschaft sich des seltsamen Falles annehmen konnte, starb er und zerfiel, da er die Verbrennung nicht abwarten wollte, im gleichen Augenblick zu Asche. Es blieb ihm erspart, die Enttäuschung zu erleben, dass die Nachrufe einen Tag zu spät in den Zeitungen erschienen. Seitdem er gestorben ist, kriecht die Minute wieder auf sechzig Sekunden dahin.

Paul Scheerbart

Die gebratene Ameise

Arbeitsspaß

Bei den fleißigen Ameisen herrscht eine sonderbare Sitte: Die Ameise, die in acht Tagen am meisten gearbeitet hat, wird am neunten Tage feierlich gebraten und von den Ameisen ihres Stammes gemeinschaftlich verspeist.
Die Ameisen glauben, dass durch dieses Gericht der Arbeitsgeist der Fleißigsten auf die Essenden übergehe. Und es ist für eine Ameise eine ganz außerordentliche Ehre, feierlich am neunten Tage gebraten und verspeist zu werden. Aber trotzdem ist es einmal vorgekommen, dass eine der fleißigsten Ameisen kurz vorm Gebratenwerden noch folgende kleine Rede hielt:

„Meine lieben Brüder und Schwestern! Es ist mir ja ungemein angenehm, dass ihr mich so ehren wollt! Ich muss euch aber gestehen, dass es mir noch angenehmer sein würde, wenn ich nicht die Fleißigste gewesen wäre. Man lebt doch nicht bloß, um sich totzuschuften!“

„Wozu denn?“, schrien die Ameisen ihres Stammes – und sie schmissen die große Rednerin schnell in die Bratpfanne – sonst hätte dieses dumme Tier noch mehr geredet.

Oscar Wilde

Der Modellmillionär

Ein Zeichen der Bewunderung

Wenn man nicht reich ist, hat es keinen Sinn, ein netter Junge zu sein. Romantik ist das Vorrecht der Reichen, nicht die Berufung der Arbeitslosen. Der Arme muss praktisch und prosaisch sein. Es ist besser, ein sicheres Einkommen zu haben, als die Leute zu bezaubern. Das sind die großen Wahrheiten des modernen Lebens, die Hugo Erskine niemals erkannte. Armer Hugo! In intellektueller Beziehung, das muss ich zugeben, war er freilich nicht von großer Bedeutung. Er hat nie in seinem Leben ein glänzendes oder auch nur ein bissiges Wort gesagt – aber er sah wunderhübsch aus mit seinem krausen braunen Haar, seinem feingeschnittenen Profil und seinen braunen Augen. Er war ebenso beliebt bei Männern wie bei Frauen, und er hatte jede Tugend, nur nicht die, Geld machen zu können. Sein Vater hatte ihm seinen Kavalleriesäbel und eine Geschichte des spanischen Erbfolgekriegs in fünfzehn Bänden hinterlassen. Hugo hing den ersteren über seinen Spiegel und stellte die letzteren auf ein Regal zwischen *Ruff's Guide* durch

London und *Bailey's Magazine* und lebte von zweihundert Pfund im Jahr, die eine alte Tante ihm aussetzte. Er hatte alles versucht. Er war sechs Monate zur Börse gegangen – aber was soll ein Schmetterling zwischen gierigen Raubtieren anfangen? Etwas längere Zeit war er Teehändler gewesen, aber Pekoe und Souchong langweilten ihn bald. Dann hatte er versucht, herben Sherry zu verkaufen. Das ging nicht – der Sherry war etwas zu herb. Endlich war er nichts weiter als ein entzückender, harmloser junger Mann mit einem vollendeten Profil, aber ohne Beruf.

Um das Übel voll zu machen, war er überdies verliebt. Das Mädchen, das er liebte, war Laura Merton, die Tochter eines pensionierten Obersten, der seine gute Laune und seine gute Verdauung in Indien verloren hatte und keines von beiden je wiederfand. Laura betete Hugo an, und er war bereit, ihre Schuhbänder zu küssen. Es gab kein hübscheres Paar in London, aber sie besaßen zusammen keinen Heller. Der Oberst hatte Hugo sehr gern, wollte aber nichts von einer Verlobung wissen.

„Kommen Sie zu mir, mein Junge, wenn Sie einmal zehntausend Pfund besitzen – dann werden wir weitersehen", pflegte er zu sagen. Und an solchen Tagen blickte Hugo sehr sauer drein, und Laura musste ihn trösten.

Eines Morgens, als er gerade auf dem Wege zum Holland Park war, wo die Mertons wohnten, kam ihm der Gedanke, einen guten Freund, Alan Trevor, zu besuchen. Trevor war ein Maler. Es gelingt heutzutage wirklich wenigen Leuten, dies nicht zu sein. Aber er war auch ein Künstler, und Künstler sind doch schon etwas seltener. Äußerlich war er ein seltsam grober Bursche mit einem sommersprossigen Gesicht und einem wilden roten Bart. Wenn er aber seinen Pinsel in die Hand nahm, war er ein wirklicher Meister und seine Bilder waren sehr gesucht. Er war anfangs von Hugo lediglich seiner äußeren Vorzüge wegen entzückt gewesen. „Die einzigen Leute, mit denen ein Maler verkehren sollte", pflegte er zu sagen, „sind Leute, die dumm und schön sind, Leute, die anzusehen ein künstlerischer Genuss ist und bei denen der Geist ausruht, wenn man mit ihnen spricht. Männer, die Dandys, und Frauen, die Darlings sind, regieren die Welt oder sollten es wenigstens." Als er aber Hugo besser kennenlernte, gewann er ihn ebenso lieb wegen seines frischen, heiteren Wesens und seiner sorglosen, noblen Natur; und so hatte er ihm erlaubt, ihn jederzeit in seinem Atelier zu besuchen.

Als Hugo eintrat, war Trevor gerade dabei, die letzte Hand an ein wundervolles, lebensgroßes Bildnis eines Bettlers zu legen. Der Bettler selbst stand auf einer erhöhten Plattform in einer Ecke des Ateliers. Es war ein vertrocknetes, zerknittertes altes Männchen mit einem Gesicht wie Pergament und mit einem sehr kläglichen Ausdruck in den Zügen. Über seine Schulter war ein elender brauner Mantel geworfen, ganz zerfetzt und zerlumpt. Seine plumpen Schuhe waren geflickt, und mit einer Hand stützte er sich auf einen derben Stock, mit der anderen hielt er seinen zerschlissenen Hut nach Almosen hin.

„Welch ein verblüffendes Modell“, flüsterte Hugo, als er seinem Freund die Hand schüttelte.

„Ein verblüffendes Modell?!“, schrie Trevor mit der ganzen Kraft seiner Stimme. „Das will ich wohl meinen! Solchen Bettlern begegnet man nicht alle Tage. Eine *trouvaille, mon cher,* ein lebender Velasquez! Beim Himmel – was für eine Radierung hätte Rembrandt nach ihm gemacht.“

„Armer alter Kerl!“, sagte Hugo. „Wie elend er aussieht! Aber für euch Maler muss ja sein Gesicht ein wahres Vermögen bedeuten.“

„Gewiss“, antwortete Trevor. „Sie können ja schließlich nicht verlangen, dass ein Bettler glücklich aussieht.“

„Wie viel bekommt ein Modell für eine Sitzung?“, fragte Hugo, nachdem er sich bequem auf den Diwan niedergelassen hatte.

„Einen Schilling für die Stunde."
„Und wie viel bekommen Sie für ein Bild, Alan?"
„Na – für das bekomme ich zweitausend."
„Pfund?"
„Guineen. Maler, Poeten und Ärzte rechnen immer nur nach Guineen."
„Das Modell sollte eigentlich eine Tantieme bekommen!", rief Hugo lachend. „Es hat eine ebenso schwere Arbeit wie Sie."
„Unsinn, Unsinn! Sehen Sie nur, was mir das Farbenauftragen allein schon für Mühe macht, und glauben Sie, es ist nichts, so den ganzen Tag vor der Staffelei zu stehen? Sie haben leicht reden, Hugo, aber ich versichere Ihnen, dass es Augenblicke gibt, wo die Kunst fast die Würde des Handwerks erreicht. Aber jetzt stören Sie mich nicht – ich habe noch sehr viel zu tun! Nehmen Sie eine Zigarette und verhalten Sie sich ruhig."
Nach einiger Zeit kam der Diener herein und sagte Trevor, dass der Rahmenmacher ihn zu sprechen wünsche.
„Laufen Sie nicht davon, Hugo", sagte er, als er hinausging. „Ich bin im Augenblick zurück."
Der alte Bettler benützte die Abwesenheit Trevors, um sich ein wenig auf der hölzernen Bank, die hinter ihm stand, auszuruhen. Er sah so verloren und elend aus, dass Hugo Mitleid mit ihm haben musste. Er suchte in

seinen Taschen, um zu sehen, was er an Kleingeld bei sich habe. Er fand aber nur einen Sovereign und einige Kupfermünzen. ‚Armer alter Kerl', sagte er zu sich selbst. ‚Er braucht das Geld nötiger als ich. Für mich bedeutet das allerdings vierzehn Tage lang keinen Wagen.' Er ging durch das Atelier und schob den Sovereign in die Hand des Bettlers.

Der alte Mann sah verwundert auf und ein schwaches Lächeln zuckte um seine vertrockneten Lippen. „Danke, Sir", sagte er, „danke."

Dann kam Trevor zurück, Hugo nahm Abschied und errötete dabei ein wenig über seine Tat. Er verbrachte den Tag mit Laura, sie schalt ihn liebenswürdig wegen seiner Extravaganz, und dann musste er zu Fuß heimgehen. Gegen elf Uhr abends ging er noch in den Paletteklub, und dort fand er Trevor, der einsam im Rauchzimmer saß und Rheinwein mit Selterswasser trank.

„Nun, Alan, haben Sie Ihr Bild fertig bekommen?", sagte er und zündete sich eine Zigarette an.

„Fix und fertig und eingerahmt, mein Junge", antwortete Trevor. „Sie haben übrigens eine Eroberung gemacht. Das alte Modell, das Sie gesehen haben, ist ganz und gar in Sie verschossen. Ich musste ihm alles über Sie erzählen, wer Sie sind, wo Sie wohnen, wie

hoch Ihr Einkommen ist, was für Aussichten Sie haben."
„Mein lieber Alan", rief Hugo. „Wenn ich jetzt nach Hause komme, wird er mich sicher schon erwarten. Sie machen hoffentlich nur einen Scherz? Der arme Jammergreis! Ich wünschte, ich könnte etwas für ihn tun. Es muss schrecklich sein, wenn man gar so elend ist. Ich habe Stöße von alten Kleidern zu Hause, glauben Sie, dass er was davon gebrauchen könnte? Seine Fetzen fielen ihm ja schon in Stücken vom Leibe."
„Aber er sieht prachtvoll darin aus", sagte Trevor. „Nicht um alles in der Welt würde ich ihn im Frack malen. Was Sie Fetzen nennen, nenne ich romantisch. Was Ihnen jammervoll erscheint, ist für mich pittoresk. Übrigens werde ich ihm von Ihrem Angebot berichten."
„Alan", sagte Hugo ernsthaft, „ihr Maler seid doch ein herzloses Pack."
„Eines Künstlers Herz ist sein Kopf", antwortete Trevor. „Und überdies besteht unser Beruf darin, die Welt zu verwirklichen, wie wir sie sehen, nicht sie zu verbessern, weil wir sie kennen. *A chacun son métier!* Und nun sagen Sie mir, wie es Laura geht. Das alte Modell hat sich ungemein für sie interessiert."
„Wollen Sie damit etwa sagen, dass Sie ihm von ihr erzählt haben?", fragte Hugo.
„Gewiss hab ich das getan! Er weiß alles über den

eigensinnigen Oberst, die liebliche Laura und die fehlenden zehntausend Pfund."

„Sie haben also einem alten Bettler alle meine Privatverhältnisse erzählt?!", rief Hugo und wurde sehr rot und ärgerlich.

„Mein lieber Junge", sagte Trevor und lächelte. „Dieser alte Bettler, wie Sie ihn nennen, ist einer der reichsten Männer in Europa. Er könnte morgen ganz London zusammenkaufen, ohne sein Konto zu überziehen. Er hat ein Haus in jeder Hauptstadt, speist von goldenen Tellern und kann, wenn es ihm gerade einfällt, Russland daran hindern, Krieg zu führen."

„Wie meinen Sie das?", fragte Hugo erstaunt.

„Wie ich es sage", antwortete Trevor. „Der alte Mann, dem Sie heute in meinem Atelier begegnet sind, ist Baron Hausberg. Er ist ein guter Freund von mir, kauft alle meine Bilder und hat mir vor einem Monat den Auftrag gegeben, ihn als Bettler zu malen. *Que voulez-vous? La fantaisie d'un millionnaire!* Und ich muss sagen, er sah wundervoll aus in seinen Lumpen, oder besser gesagt: in meinen Lumpen. Ich habe die ganze Garnitur einmal alt in Spanien gekauft."

„Baron Hausberg?!", rief Hugo. „Allmächtiger – und ich hab ihm einen Sovereign gegeben!" Und er sank, ein Bild des Jammers, in den Lehnstuhl.

„Sie haben ihm einen Sovereign gegeben?!“, brüllte Trevor und konnte sich vor Lachen nicht halten. „Mein lieber Junge, Sie werden Ihr Geld nie wiedersehen. *Son affaire c'est l'argent des autres.*“

„Sie hätten mir das aber auch vorher sagen können!“, schmollte Hugo. „Dann hätt ich mich nicht so zum Narren gemacht.“

„Na, hören Sie mal, Hugo!“, sagte Trevor. „Erstens konnte ich nicht annehmen, dass Sie so sorglos mit Almosen um sich werfen! Ich verstehe, dass man einem hübschen Modell einen Kuss gibt, aber einem hässlichen Modell einen Sovereign – nein, das geht über meinen Horizont. Überdies war ich tatsächlich an diesem Tage für niemanden zu sprechen. Als Sie kamen, wusste ich nicht, ob Hausberg eine offizielle Vorstellung passen würde. Sie wissen ja – er war nicht gerade in *full dress.*“

„Für was für einen Trottel muss er mich halten!“, sagte Hugo.

„Aber durchaus nicht! Er war, nachdem Sie uns verlassen hatten, in der denkbar besten Laune. Er lachte immerzu in sich hinein und rieb fortwährend seine alten, verrunzelten Hände. Ich verstand nicht, warum er sich so für Sie interessierte. Aber nun kapiere ich es. Er wird den Sovereign für Sie anlegen, Hugo, Ihnen

alle sechs Monate Ihre Zinsen zahlen und bei jedem Diner den kapitalen Spaß erzählen."
„Ich bin ein unglücklicher Teufel", brummte Hugo. „Das Beste ist, ich gehe zu Bett. Bitte, Alan, erzählen Sie niemandem die Geschichte – ich könnte mich sonst nicht mehr auf der Straße sehen lassen!"
„Unsinn, die Sache wirft auf Ihren philanthropischen Geist das beste Licht, Hugo. Und jetzt laufen Sie nicht davon! Nehmen Sie noch eine Zigarette, und dann schwatzen wir über Laura, so viel Sie wollen!"
Aber Hugo wollte nun einmal nicht bleiben, sondern ging nach Hause, und es war ihm sehr unbehaglich zumute. Alan Trevor aber blieb zurück und lachte sich halb tot.

Als Hugo am nächsten Morgen beim Frühstück saß, brachte ihm das Mädchen eine Karte, auf der unter dem Namen Monsieur Gustave Naudin geschrieben war: *De la part de M. le Baron Hausberg*. ‚Er kommt offenbar,

um meine Entschuldigung entgegenzunehmen', sagte Hugo zu sich selbst. Und er ließ den Fremden hereinbitten.
Ein alter Herr mit goldener Brille und grauem Haar trat ein und sagte mit leicht französischem Akzent: „Habe ich die Ehre, mit Monsieur Erskine zu sprechen?"
Hugo verbeugte sich.
„Ich komme vom Baron Hausberg", fuhr er fort, „und der Baron –"
„Ich bitte Sie, mein Herr, ihm meine aufrichtigsten Entschuldigungen zu übermitteln", stammelte Hugo.
„Der Baron", sagte der alte Herr mit einem Lächeln, „hat mich beauftragt, Ihnen diesen Brief zu bringen."
Und er reichte ihm ein versiegeltes Kuvert.
Auf dem Briefumschlag stand geschrieben: „Ein Hochzeitsgeschenk für Hugo Erskine und Laura Merton von einem alten Bettler." Und darin lag ein Scheck über zehntausend Pfund.
Als sie heirateten, war Alan Trevor Brautführer, und der Baron hielt beim Hochzeitsmahl eine Rede.
„Es gibt wenig Millionärmodelle", bemerkte Alan, „aber wahrhaftig – Modellmillionäre sind noch seltener."

Milena Moser

Ode ans Kaffeehaus

Samstagmorgen kurz nach neun, die Schlange vor dem Kaffeetresen des *Atlas Café* zieht sich zur Tür hinaus und bis um die Ecke. Junge Frauen in zu großen Pyjamahosen und Plüschpantoffeln mit Hasenohren. Ältere Damen mit lila Locken und Wanderschuhen. Radkuriere mit künstlichen Dreadlocks und Beinen aus Stahl, Jogger, Hundebesitzer, Wichtigtuer, ein Mann mit fahrbarem Sauerstoffgerät. Ich stelle mich hinten an, den Computer unter den Arm geklemmt. Gerade habe ich meinen Sohn im Fechtkurs abgesetzt, eineinhalb Stunden liegen vor mir und eine unfertige Geschichte. Die Schlange bewegt sich nur langsam, die Bestellungen sind kompliziert und die Baristas, wie die Kaffeeausschenker genannt werden, so verlangsamt und gelangweilt, wie sich das für das Personal von Szenecafés auf der ganzen Welt gehört.

Ich behalte die kleinen Tische im Lokal im Auge, als könnte ich mit hypnotischem Blick einen für mich reservieren, ganz hinten an der Wand. Es ist sonnig, der kleine Hinterhof schon voll besetzt. Zum Glück

wollen die meisten Kunden ihren Kaffee im Pappbecher „to go“, gleich wieder mit nach Hause nehmen und im Bett durch die kleine schnabelartige Öffnung im Plastikdeckel schlürfen. Sagte ich Kaffee? Das war ein Versehen. Kaffee bestellt hier niemand, sondern mysteriöse Mixturen wie „half-caf/decaf“ oder einen doppelten „nassen“ Cappuccino oder gar einen Latte mit fettfreier Sojamilch und Schlagsahne oben drauf. Ein Ausdruck von innerer Zerrissenheit, der mich länger beschäftigen wird. Als ich an die Reihe komme, sage ich fantasievoll wie immer: „Einen doppelten Espresso bitte, und ein Himbeer-Scone.“
„Einen was? Doppelten was?“, näselt die junge Barista an ihrem Nasenring vorbei, doch irgendwas in meinem Blick hält sie davon ab, mir einen Vortrag über die gesundheitlichen Risiken übersteigerten Koffeinkonsums zu halten. Stattdessen wendet sie sich wieder an den tassenspülenden Mexikaner, der sich ihre Auflistung von Dingen, die sie im Verlauf des gestrigen Abends zu sich genommen hat, geduldig anhört.
Endlich bin ich an meinem Tisch, ganz hinten in der Ecke, Blick über das ganze Lokal, ich esse erst einmal mein Scone, kippe den Kaffee und lasse mir die Tasse wieder füllen: „Noch einen?“, näselt das Fräulein, jetzt beinahe bewundernd, „wow, du kannst aber was ver-

tragen!“ Ich wische die Krümel vom Tisch, bevor ich meinen Computer aufklappe. Das ist mein Arbeitszimmer, samstags von neun bis halb elf, während mein Sohn um die Ecke den Säbel schwingt, oder wie immer das Ding heißt. Wochentags klappe ich mein Büro entweder im „Dolores Park“ in der Nähe der Schule auf, oder im „Farley's“ bei mir um die Ecke. Doch das „Dolores Park“ bietet kabellose Internetverbindung an, was bei mir sofort zu endlosem E-Mail-Geschnatter führt, und im „Farley's“ liegen die (in „Sofa, Yoga, Mord“ verewigten) Gästetagebücher auf den Tischen, deren endlosen seifenopernartigen Geständnissen ich nie widerstehen kann. Außerdem ist der Besitzer, der drahtige Roger, ein Exfreund meiner Freundin Alice. Jedes Mal, wenn er mich sieht, erkundigt er sich nach ihr, so in dem Ton „ist sie etwa schon wieder schwanger oder einfach nur dick geworden?“
Im *Atlas* gibt es nichts dergleichen, nur eine eklektische Mischung von Menschen, die mich jedes Mal von Neuem entzückt. In Zürich zum Beispiel würde sie automatisch vorsortiert: Die aufstrebenden jungen Fernsehproduzenten bleiben hübsch unter sich, die trotzigen jungen Lesben mit ihren halbrasierten Köpfen hatten ihr eigenes Lokal, ebenso wie die befreiten Großmütter in ihren selbstbemalten Seidentuniken

und die Yogasüchtigen mit ihren zusammengerollten Matten. Selbst die Obdachlosen und ihre Hunde würden einen eigens für sie eingerichteten Treffpunkt aufsuchen müssen. Aber hier in San Francisco teilen sie sich alle dasselbe szenige Café und dieselbe schnoddrige Bedienung – das liebe ich an dieser Stadt. Selbst Touristen trauen sich, am Tisch die Straßenkarte aufzufalten, ohne sich bloßgestellt zu fühlen. Und natürlich bin ich nicht die einzige, die hier in die Tastatur haut: Schreiben im Kaffeehaus hat in San Francisco Tradition. Die Beat-Poeten trafen sich jeweils im *Caffe Trieste* im Italienerviertel North Beach, wo sich zwar weit und breit kein Strand befindet, dafür die berühmte *City Lights* Buchhandlung, die den erst mal verbotenen Roman „On the Road" veröffentlichte und vertrieb und deren Besitzer sich dafür vor Gericht verantworten mussten. Da traf sich, wer einen Bleistift halten konnte, zu Endlos-Lesungen und Diskussionen, die dann im *Caffe Trieste* fortgeführt wurden, bis die Kaffeebohnen ausgingen. Es heißt, San Franciscos Beitrag zur Beatliteratur sei ausschließlich an diesen kleinen runden Tischen entstanden, an denen heute noch furios und fiebrig in schwarze Notizbücher gekritzelt (seltener auf Laptoptastaturen eingetrommelt) wird.

In San Francisco gibt es an jeder Ecke Kaffeehäuser – Kaffee ist eines der letzten Laster, die sich gesundheitsbewusste Nordkalifornier noch gönnen, gleich literweise schlürfen sie die absurden, klebrig-süßen Mischgetränke, die manchmal auch „candy bar in a cup“ genannt werden und leicht eine Mahlzeit ersetzen können. Die mit Kreide auf eine Schiefertafel hinter der Theke gemalte Karte füllt meist gleich die ganze Wand: Kaffee wird mit heißer Schokolade gemischt oder mit einem Schuss Caramel- oder Vanillesirup versetzt, mit Eis und Schlagsahne aufgepeppt, mit Zimt und Zucker bestreut. Jedes Viertel hat seine Nachbarschaftscafés, kleine, schräge, mit Flohmarktsofas möblierte Lokale, die sich tapfer gegen die verpönten mit dem grünen Signet behaupten, und in denen sich Pensionäre, Studenten und Ladenbesitzer treffen. Auf windschiefen Bänken vor der Tür unterhalten sich Raucher mit Hundehaltern und überall sitzen auch angehende oder etablierte Schriftsteller, Drehbuchautoren und Dichter an den Tischen. Manche haben zur Betonung ihrer Ernsthaftigkeit einen Wall aus Büchern um sich herum gebaut. Bitte nicht stören, hier arbeitet jemand, der Proust liest! Aber hallo, im Original! In dieser emsigen Atmosphäre fühle ich mich sozusagen zur Produktivität verpflichtet, ich hacke in die Tastatur, als hinge mein Leben davon ab. Zuhause hätte ich schon längst die Zeitung aufgefaltet oder die Post geöffnet, das Telefon abgenommen, ach was, ich wäre aufgestanden, hätte das Frühstücksgeschirr abgewaschen und den Weg zurück zum Schreibtisch nie mehr gefunden. Doch hier gönne ich nicht mal meinen Tippfingern (zwei an jeder Hand) eine Pause. Die zugegeben leicht pubertäre Überzeugung, beobachtet zu werden, hält mich bei der Sache. Kaum halte ich einen Augenblick inne, meine ich die anderen Gäste kopfschüttelnd zueinander sagen zu hören: „Nun schau dir mal die an, in der Ecke da, die schreibt doch gar nicht!" Und schon bin ich so drin in meiner Geschichte, dass ich die Zeit vergesse. Mein Sohn steht schon an der Ecke, in seinen zu großen und nicht mehr ganz sauberen Fechthosen, den Helm unter den Arm geklemmt, als ich angekeucht komme, die Computerkabel hinter mir herschleifend. „Ich hab Hunger", sagt er, „ich hab Durst, krieg ich eine heiße Schokolade?" Und schon stehen wir wieder in der Schlange vor dem *Atlas Café*.

Iwan A. Gontscharow

Oblomow

Oblomow, von Geburt Adliger, dem Range nach Kollegiensekretär, lebte seit zwölf Jahren ununterbrochen in Petersburg. Anfangs, solange seine Eltern noch am Leben waren, hatte er etwas beschränkter gelebt, nur eine Zweizimmerwohnung gehabt und sich mit einem Diener, den er vom Gute mitgebracht hatte, begnügt, mit Sachar; aber nach dem Tode seines Vaters und seiner Mutter war er der alleinige Besitzer von dreihundertfünfzig Seelen geworden, die ihm durch Erbschaft in einem der abgelegensten Gouvernements, beinahe schon in Asien, zugefallen waren.

Statt fünftausend Rubel hatte er nun eine Jahreseinnahme, die zwischen sieben und zehntausend Rubeln schwankte, und da nahm auch seine Lebenshaltung einen andern, größeren Zuschnitt an. Er mietete sich eine geräumigere Wohnung, vergrößerte sein Hauspersonal durch einen Koch und schaffte sich einen Wagen und zwei Pferde an.

Damals war er noch jung, und wenn man auch nicht sagen kann, dass er lebhaft gewesen wäre, so war er doch wenigstens lebhafter als jetzt; er war noch von mancherlei Bestrebungen erfüllt, hoffte immer noch auf etwas und erwartete vieles, sowohl vom Schicksal als auch von sich selbst; er bereitete sich immer auf eine Karriere vor, auf eine Rolle, die er spielen wollte, selbstverständlich vor allen Dingen im Staatsdienste, was ja auch der Zweck seiner Übersiedelung nach Petersburg gewesen war. Außerdem dachte er daran, auch in der Gesellschaft eine Rolle zu spielen; in fernerer Perspektive endlich, für die Zeit des Überganges von der Jugend zum reiferen Alter, schwebte seiner Fantasie das lächelnde Bild des Eheglücks vor.

Aber ein Tag ging nach dem andern dahin, ein Jahr löste das andere ab; der weiche Flaum in seinem Gesichte verwandelte sich in einen harten Bart; die leuchtenden Augen wurden zu zwei trüben Punkten; die Taille rundete sich; die Haare begannen erbarmungslos auszufallen; er vollendete das dreißigste Lebensjahr; aber er war auf keinem Gebiete auch nur einen Schritt vorwärtsgekommen und stand immer noch an der Schwelle seiner Laufbahn, ebendort wo er zehn Jahre vorher gestanden hatte.

Er hatte immer noch die Absicht, demnächst das wirkliche Leben zu beginnen, und bereitete sich noch darauf vor; er entwarf immer noch im Geiste ein ideales

Bild seiner Zukunft; aber mit jedem Jahre, das über seinem Haupte dahinzog, sah er sich genötigt, an diesem idealen Bilde Änderungen und Tilgungen vorzunehmen.

Das Leben zerfiel nach seiner Auffassung in zwei Hälften: die eine bestand aus Arbeit und Langeweile (das waren bei ihm gleichbedeutende Begriffe), die andere aus Ruhe und friedlicher Heiterkeit. Infolgedessen enttäuschte ihn seine hauptsächlichste Laufbahn, der Staatsdienst, in der ersten Zeit in der unangenehmsten Weise.

Da er fern von jeder größeren Stadt mitten in den sanften, freundlichen Sitten und Gebräuchen seiner Heimat aufgewachsen war und zwanzig Jahre lang mit seinen Angehörigen, Freunden und Bekannten auf das innigste verkehrt hatte, so war er dermaßen von Familiensinn durchdrungen, dass er sich auch den bevorstehenden Staatsdienst gleichsam wie eine Beschäftigung in der Familie vorstellte, zum Beispiel in der Art einer lässigen Eintragung der Einnahmen und Ausgaben in ein Heft, wie das sein Vater gemacht hatte. Er hatte die Vorstellung, dass die Beamten einer jeden Dienststelle unter sich eine eng befreundete Familie bildeten, die unermüdlich wechselseitig für die Ruhe und das Vergnügen der einzelnen sorge; dass der Besuch des Büros

keineswegs eine obligatorische Gewohnheit sei, an die man sich täglich zu halten habe, sondern dass Schlackerwetter, Hitze oder auch bloß Verstimmung stets als ausreichende gesetzmäßige Gründe für ein Fernbleiben vom Amte dienen könnten.
Aber wie betrübte es ihn, als er sah, dass mindestens ein Erdbeben nötig war, damit ein gesunder Beamter nicht zum Dienste zu gehen brauchte; nun kommen aber Erdbeben in Petersburg leider nicht vor. Eine Überschwemmung hätte allerdings ebenfalls als Hin-

derungsgrund dienen können; aber auch Überschwemmungen treten nur selten ein.
Noch nachdenklicher wurde Oblomow, als Kuverts mit der Aufschrift „eilig“ und „sehr eilig“ an seinen Augen vorüberhuschten und als ihm aufgetragen wurde, allerlei Nachforschungen anzustellen, Auszüge zu machen, in den Akten umherzuwühlen und zweifingerdicke Hefte abzuschreiben, die wie zum Hohn „Notizen“ genannt wurden. Zudem wurde immer schnelles Arbeiten verlangt; alle hatten es eilig und machten nie eine Pause; kaum hatten sie eine Sache erledigt, so griffen sie mit einer wahren Wut nach einer andern, als ob gerade die die Hauptsache wäre; wenn sie aber mit ihr fertig waren, so vergaßen sie sie und stürzten sich auf eine dritte – und dieses Hasten nahm nie ein Ende!
Ein paarmal veranlasste man ihn, in der Nacht aufzustehen und „Notizen“ zu schreiben; einige Male wurde er, wenn er irgendwo zu Besuch war, durch einen Amtsboten abgerufen, immer wegen eben dieser Notizen. All dies versetzte ihn in Angst und arge Missstimmung. „Wann soll man denn leben? Ja, wann soll man leben?“, fragte er sich immer wieder.
Über den Chef hatte er in seiner Heimat gehört, dieser sei der Vater seiner Untergebenen; und daher hatte er sich von dieser Persönlichkeit eine höchst freundliche,

familienhafte Vorstellung gemacht. Er hatte ihn sich als eine Art von zweitem Vater vorgestellt, der nur daran denke, wie er seine Untergebenen für ihre Verdienste und ohne ihr Verdienst unaufhörlich belohnen könne, und der nicht nur für ihre Bedürfnisse, sondern auch für ihr Vergnügen sorge.

Ilja Iljitsch hatte gedacht, der Chef versetze sich so sehr in die Lage seines Untergebenen hinein, dass er ihn besorgt frage, wie er in der Nacht geschlafen habe, warum seine Augen so trübe aussahen, und ob ihm auch nicht der Kopf wehtue. Aber er sah sich gleich am ersten Tage seiner dienstlichen Tätigkeit grausam enttäuscht. Bei der Ankunft des Chefs begann ein Hin- und Herrennen, ein hastiges Treiben; alle gerieten in Verwirrung; einer stieß den andern beinah um; manche strichen und zupften ihren Anzug zurecht aus Besorgnis, dass sie nicht gut genug aussähen, um sich dem Chef zu zeigen.

Dies kam, wie Oblomow später wahrnahm, daher, dass es Chefs gibt, die in dem bis zur Verdummung erschrockenen Gesichte eines ihnen entgegenspringenden Untergebenen nicht nur Respekt gegen ihre Person, sondern sogar Eifer für den Dienst und manchmal sogar Befähigung zu diesem erblicken.

Ilja Iljitsch brauchte vor seinem Chef nicht zu erschrecken. Dieser war ein gutherziger, im Umgange angenehmer Mensch; er tat nie jemandem etwas Böses; seine Untergebenen waren im denkbar höchsten Maße zufrieden und wünschten sich keinen besseren. Niemand hatte jemals von ihm ein unfreundliches Wort, ein Anschreien oder Lärmen gehört; er forderte nie etwas, sondern bat immer nur. Er bat, man möchte eine Arbeit erledigen; er bat, man möchte ihn besuchen; er bat sogar, man möchte in Arrest gehen. Er duzte nie jemand; alle nannte er „Sie", sowohl den einzelnen Beamten als auch alle zusammen.

Aber trotzdem waren alle Beamten bei Anwesenheit des Chefs ängstlich; sie antworteten auf seine freundlichen Fragen nicht mit ihrer gewöhnlichen Stimme, sondern mit einer andern, mit der sie zu keinem der übrigen Menschen sprachen.

Auch Ilja Iljitsch wurde plötzlich ängstlich (er wusste selbst nicht warum), wenn der Chef ins Zimmer trat; er verlor seine gewöhnliche Stimme, und es kam dafür aus seiner Kehle eine andere, dünne, hässlich klingende, sobald der Chef mit ihm zu reden begann.

Selbst unter einem so guten, leutseligen Chef hatte Ilja Iljitsch sehr von Angst und Sorge zu leiden. Gott weiß, was aus ihm geworden sein würde, wenn er an einen strengen und anspruchsvollen geraten wäre!

Amelie Fried

Top Ten der faulen Ausreden

Wer kennt das nicht: Man hat einen Termin vergessen oder auf irgendetwas keine Lust. Nun gilt es, eine Ausrede zu erfinden, die so überzeugend ist, dass dem anderen nichts mehr einfällt. Erstaunlich, wie viel Fantasie manche Menschen dabei entwickeln – ganz vorn dabei übrigens meine Kinder. Hier meine Lieblingsausreden:

10. „Ich muss aufs Klo!" – Täglich von Neuem vorgebrachte Erklärung meiner Tochter, warum sie nicht beim Abwasch helfen kann.
9. „Ich muss dringend was für die Schule tun, schließlich schreibe ich nächstes Jahr Abi!" – Begründung meines Sohnes, warum er ebenfalls nicht beim Abwasch helfen kann.
8. „Kinderarbeit ist strafbar!" – Von beiden, wenn ich sie um Hilfe im Haushalt bitte.
7. „Frauen können mehrere Sachen gleichzeitig machen, Männer nicht!" – Mein Mann auf die Bitte, einen Anruf zu tätigen, während ich das Essen vorbereite.

6. „Mein Akku war leer. Und danach habe ich das Handy nicht mehr gehört.“ – Unser Au-pair-Mädchen Lucie auf meine Frage, warum ich sie stundenlang nicht erreichen konnte.
5. „Ich kann nicht nach Hause kommen, der Typ hat mich eingesperrt und den Schlüssel aus dem Fenster geworfen!“ – Lucie auf meine besorgte Frage, warum sie so lange wegbleibe.
4. „Erst ist der Nachbar gestorben, dann der Hund, und dann bin ich von der Leiter gestürzt!“ – Erklärung eines Handwerkers, der dreimal nicht zum vereinbarten Termin erschienen ist.
3. „Sehr geehrter Lehrkörper, ich habe mir in der kalten Schule eine schwere Erkältung zugezogen. Und da der Finanzminister jeden Monat meinen arbeitenden Eltern fast ihr ganzes Einkommen abnimmt, konnte meine Mutter nach der dritten Stufe der Gesundheitsreform keinen Hustensaft kaufen und verabreichte mir stattdessen ein Abführmittel in der Hoffnung, dass die Krankheitserreger über die unteren Ausscheidungswege meinen jungen Körper verlassen. Während der 12 Stunden, die ich gestern auf dem WC verbrachte, kam dann auch viel raus, aber die

Hustenerreger sind noch drin, weswegen ich leider für den Rest der Woche noch das heimische Bett hüten muss." – Selbst geschriebene Entschuldigung eines Schülers wegen Fernbleibens vom Unterricht.

2. „Die Straßenbahn hat sich verfahren." – Mündliche Entschuldigung eines Erstklässlers wegen Zuspätkommens.
1. Meine Lieblingsausrede ist und bleibt aber die von dem Mann, der – nackt auf einer Frau liegend – von seiner Ehefrau ertappt wird: „Schatz, es ist nicht so, wie du denkst!"

Verfasser unbekannt

Das Märchen von der geschenkten Zeit

Es waren einmal ein König und eine Königin, die hatten drei Töchter. Von der Ältesten sagten die Leute: Wie klug sie ist! Von der Zweiten meinten sie voller Bewunderung: Seht, wie ist sie so fleißig! Wenn sie aber von der Dritten sprachen, hellten sich ihre Gesichter auf: Sie ist so freundlich und sie kann so wunderbar lachen.

Eines Tages sagte die königliche Mutter: „Es wird nun Zeit, meine lieben Töchter, dass ihr das Haus verlasst und die Welt kennenlernt.“ Einer jeden legte sie eine kunstvoll gewirkte Tasche über die Schulter, die war prall gefüllt. „Das ist eure Wegzehrung. Ich habe jeder von euch einen großen Anteil von meiner Zeit geschenkt. Geht sorgsam damit um. Mehr davon kann ich euch nicht geben.“ Der Abschied war herzlich, und dann ging eine jede ihren Weg.

Die Erste, die Kluge, war noch nicht weit gegangen, da hatte sie schon eine große Berechnung angestellt, wie sie ihre Zeit möglichst gewinnbringend anlegen

konnte. „Gönn dir ein bisschen mehr von deiner Zeit“, wisperten die Blumen am Wegesrand. „Wo denkt ihr hin“, sagte die Kluge, „Zeit ist Geld, und das wirft man nicht auf die Straße.“ Und sie eilte davon, als hätte sie schon jetzt keine Zeit mehr.
Die Zweite, die Fleißige, hatte sofort eine Beschäftigung entdeckt und arbeitete hastig, denn sie wollte die Zeit ausnutzen. Da rollte ihr ein roter Ball zwischen die Füße und ein Kind rannte herbei und fragte: „Spielst du mit mir?“ „Jetzt nicht“, sagte die Fleißige, „ich habe keine Zeit! Ich muss heute schon die Arbeit von morgen machen.“ „Spielst du dann morgen mit mir?“ „Das geht nicht, da mach ich die Arbeit von übermorgen.“ „Und dann, hast du dann Zeit?“ „Vielleicht, wenn nichts dazwischenkommt. Aber jetzt nimm deinen Ball und stiehl mir nicht die Zeit!“ Da ging das Kind und wartete auf übermorgen.
Die dritte Tochter aber kam nicht weit, nur bis zu einer Bank am Ententeich. Dort saßen ein paar alte Leute und schwiegen sich aus, denn sie hatten einander schon alles erzählt, und etwas Neues fiel ihnen nicht ein. „Hast du ein bisschen Zeit? Komm, setz dich zu uns!“ „Aber sicher“, sagte die mit dem lachenden Gesicht. „Ich habe viel Zeit geschenkt bekommen. Davon kann ich euch doch abgeben“, und sie langte in ihre Tasche

und fragte die alten Leute nach ihrem Leben. Und die erzählten ihr viel, und als sie sich verabschiedet hatte, hörte sie sie von Weitem immer noch reden und lachen, denn es war ihnen noch so viel eingefallen, was sie beinahe schon vergessen hatten.

„Nach einem Jahr“, hatte die Mutter gesagt, „kommt ihr noch einmal zurück und erzählt uns, wie es euch ergangen ist.“ Als das Jahr herum war, schickte die Älteste ein teures Blumengebinde mit einem kleinen Gruß daran: „Liebe Eltern, habt Dank, aber ich kann euch nicht besuchen. Es wäre unklug. Der weite Weg zu euch würde mich zu viel Zeit kosten.“ Die Zweite kam in allerhöchster Eile und erzählte von der vielen Arbeit, die nun liegenbleiben musste, und war im Herzen schon wieder abgereist, ehe sie angekommen war. Die Dritte aber kam etwas zu spät, denn sie hatte unterwegs Blumen gepflückt, die sie der Mutter mitbringen wollte. „Hast du denn so viel Zeit übrig?“, fragte die Mutter. „Aber sicher“, sagte die Tochter, „du hattest mir ja gar nicht verraten, dass die Tasche sich immer wieder füllt! Je mehr Zeit ich verschenkt habe, desto mehr fand ich darin.“

„Du bist die Einzige“, sagte die Mutter lächelnd, „die das Geheimnis der geschenkten Zeit erfahren hat.“

Henry Miller

Es gab noch etwas anderes

Es gab noch etwas anderes, dem ich aufrichtig misstraute: Arbeit. Arbeit, so schien es mir schon in früher Jugend, ist eine dem Dummkopf vorbehaltene Tätigkeit. Sie ist das genaue Gegenteil von Schöpfung, die Spiel ist und eben darum, weil sie keine andere Daseinsberechtigung hat als sich selbst, die stärkste Antriebskraft des Lebens ist. Hat jemals jemand behauptet, Gott habe die Welt geschaffen, damit er selbst Arbeit habe? Durch eine Kette von Umständen, die nichts mit Vernunft oder Verstand zu tun hatten, war ich wie die anderen geworden – ein Arbeitssklave. Ich hatte die trostlose Entschuldigung, durch meine Arbeit Frau und Kind zu erhalten. Dass es eine fadenscheinige Entschuldigung war, wusste ich, denn wenn ich morgen tot umfiele, würden sie irgendwie weiterleben. Warum hörte ich nicht mit allem auf und spielte Ichsein? Der Teil von mir, der sich der Arbeit widmete, der es meiner Frau und meinem Kind ermöglichte, so zu leben, wie sie es gedankenlos verlangten, dieser Teil von mir, der das Rad in Gang hielt, war – eine völlig illusorische,

egozentrische Vorstellung! – der unbedeutendste Teil von mir. Ich gab der Welt nichts damit, dass ich meine Funktion als Brotverdiener erfüllte. Die Welt verlangte ihren Tribut von mir, das war alles.
Die Welt würde erst dann etwas Wertvolles von mir erhalten, wenn ich aufhörte, mich als Mitglied der Gesellschaft zu fühlen, und ich selbst wurde. Der Staat, die Nation, die vereinigten Nationen der Welt waren nur die Summe der Individuen, die die Fehler ihrer Vorväter wiederholten. Schon bei ihrer Geburt gerieten sie in die Tretmühle und bewegten sie bis zu ihrem Tode – versuchten dieser Versklavung dadurch Würde zu geben, dass sie sie „Leben" nannten. Wenn man jemanden auffordert, zu erklären oder zu definieren, was Leben ist, was Sinn und Ziel des Ganzen sei, so wird einem nur ein leerer Blick zur Antwort. Das Leben war etwas, mit dem sich die Philosophen in Büchern auseinandersetzten, die niemand las. Die mitten im Leben Stehenden, die „alten Klepper in den Sielen", haben keine Zeit für solche müßigen Fragen. „Man muss etwas zu essen haben, nicht wahr?" Diese Frage, von der man glaubte, sie sei eine Ausrede, und die bereits von den Eingeweihten beantwortet worden war, wenn auch nicht völlig verneinend, so doch wenigstens in einem verhältnismäßig beunruhigenden verneinenden

Sinn, war der Schlüssel zu den anderen Fragen, die in einer wahrhaft euklidischen Reihe folgten. Obwohl ich nur wenig gelesen hatte, hatte ich doch die Beobachtung gemacht, dass die Menschen, die am meisten im Leben standen, die das Leben formten, die das Leben selbst waren, wenig aßen, wenig schliefen, wenig oder nichts besaßen. Sie fühlten keine illusionäre Verpflichtung, für den Fortbestand ihrer Angehörigen und Anverwandten oder die Erhaltung des Staates zu sorgen. Es ging ihnen um die Wahrheit – und nur um die Wahrheit. Sie erkannten nur eine Art Tätigkeit an – die schöpferische.

Niemand konnte etwas von ihnen verlangen, denn sie hatten sich aus eigenen Stücken gelobt, alles zu geben. Sie gaben aus freien Stücken, denn das ist die einzige Art zu geben. Das war die Lebensweise, die mir gefiel: Sie war vernünftig. Das war das Leben – nicht der leere Schein, dem meine Umgebung Verehrung zollte.

Ich hatte das alles schon an der Schwelle des Mannesalters mit meinem Verstand begriffen. Aber erst musste eine große Lebenskomödie durchgestanden werden, bevor diese Vision der Wirklichkeit die bewegende Kraft werden konnte. Der ungeheure Lebenshunger, den andere in mir fühlten, wirkte wie ein Magnet. Er zog diejenigen an, die meine besondere Art von Hunger nötig hatten. Der Hunger wurde tausendfach vergrößert. Es war, als ob diejenigen, die an mir (wie Eisenspäne) hingen, aufgeladen würden und ihrerseits andere anzögen. Gefühl reift zu Erfahrung, und Erfahrung gebiert neue Erfahrung.

Insgeheim sehnte ich mich danach, mich loszulösen von allen diesen fremden Leben, die sich mit dem Muster meines eigenen verwoben hatten und mein Schicksal zu einem Teil des ihrigen machten. Alle diese sich anhäufenden Erfahrungen, die nur kraft der Trägheit die meinen waren, abzuschütteln, erforderte eine heftige Anstrengung. Hin und wieder wehrte ich mich gegen das Netz und zog daran, aber nur um mich noch mehr darin zu verstricken. Meine Befreiung schien Schmerz und Leid für diejenigen mit sich zu bringen, die mir nahestanden und mir teuer waren. Jede Bewegung, die ich zu meinem eigenen, persönlichen Besten machte, löste Vorwurf und Missbilligung aus. Ich war ein tausendfacher Verräter. Ich hatte sogar das Recht verloren, krank zu werden – weil „sie" mich brauchten. Es war mir nicht gestattet, untätig zu bleiben. Wäre ich gestorben, so hätten sie, glaube ich, meine Leiche zu einem Scheinleben galvanisiert.

„Ich stand vor einem Spiegel und sagte angsterfüllt: ‚Ich will sehen, wie ich im Spiegel mit geschlossenen Augen aussehe.'"

Diese Worte von Jean Paul riefen, als ich zum ersten Mal auf sie stieß, eine unbeschreibliche Erschütterung in mir hervor. So wie die folgenden von Novalis, die fast wie eine logische Ergänzung zu den vorherigen erscheinen: „Der Sitz der Seele ist da, wo sich Innenwelt und Außenwelt berühren. Wo sie sich durchdringen, ist er in jedem Punkt der Durchdringung."

„… sich seines transcendentalen Selbst zu bemächtigen, das Ich seines Ich's zu seyn … Ohne vollendetes Selbstverständnis wird man nie andere wahrhaft verstehen lernen", sagte Novalis.

Else Ury

Der Siebenschläfer

„Max – Junge – liegst du denn immer noch in den Federn, geschwind 'raus aus dem Bett – es ist schon nach sieben – du kommst heute schon wieder zu spät in die Schule!“ Ärgerlich machte die Mutter die Tür wieder hinter sich zu.

Mäxchen blinzelte mit verschlafenen Augen.

„Aufstehen – jetzt schon...“ Der faule Junge räkelte sich auf seinem Lager. „Huuh!“, riss er den Mund weit beim Gähnen auf, und ehe er nur daran gedacht hatte, was wohl der Herr Lehrer dazu sagen würde, lag er schon wieder in tiefem Schlaf und schnarchte wie ein Sägebock.

Eine Fliege summte lustig im Zimmer umher – schwapp – setzte sie sich dem Faulpelz gerade aufs Ohr. „Sum – sum – sum“, sang die kleine Fliege, „ich bin schon lange munter, nimm dir ein Beispiel daran, du fauler Max!“

Mäxchen regte und rührte sich nicht.

Husch – tanzte ein flimmernder Sonnenstrahl zum Fenster herein, die allerschönsten Kringel und Sterne

malte er dem Mäxchen an die graue Wand – aber der machte die Augen nicht auf.
Da wurde der Sonnenstrahl ärgerlich, ungeduldig sprang er in seinen glänzend goldenen Schuhen von einem Füßchen auf das andere.
„Junge“, rief er mit zartem Stimmchen, „ich habe heute schon eine Reise durch die ganze Welt gemacht; in aller Frühe habe ich schon das Kreuz auf dem Kirchturm vergoldet, ich habe die Vöglein im Walde geweckt, und die Blümlein auf der Au habe ich wach geküsst. All die fleißigen Buben und Mädchen sind mir begegnet, das Schulränzel auf dem Rücken. Nur du allein bist träge und faul – geschwind heraus!“ Damit sprang er auf Mäxchens Gesicht und kitzelte ihn mit einem feinen, goldenen Strahlenfaden unter die Nase.
„Hatschi!“, machte Mäxchen und nochmals: „Hatschi!“ – aber er wachte nicht auf. Da huschte der Sonnenstrahl traurig wieder zum Fenster hinaus zu den fleißigen Menschen.
Jetzt begann Mäxchens Deckbett sich langsam zu bewegen; ärgerlich brummte es vor sich hin: „Was – ich soll den faulen Jungen auch noch warm zudecken – nein – das fällt mir nicht ein!“, und alle Federn in dem Deckbett schüttelten ihren Federschopf und wiederholten im Chor: „Nein – das fällt uns nicht ein!“

Plums – sprang das Deckbett zur Erde hinunter – aber der faule Max schlief ruhig weiter.

Doch nun wurde es auch dem Bettgestell zu arg – neun Uhr war es gleich – langsam begann es auf seinen vier hölzernen Füßen hin und her zu schaukeln – jetzt schneller – immer schneller, ganz schwindelig wurde es Mäxchen im Traume und – bauz – da lag er der Länge nach auf der Erde. Immer tiefer und tiefer fiel er durch die Erde hindurch, ohne Aufhören immer weiter bis in ein großes Schloss, das gehörte dem König Schlaf.

Ein schöner Greis mit silbern wehendem, langem Barte fing das schlafende Mäxchen auf; fort ging's durch einen Riesensaal, da war es hell und licht; der flimmernde, dunkelblaue Sternenhimmel wölbte sich als Decke über denselben; leuchtende Rosen dufteten zu den hohen Kristallfenstern hinein. Kleine, lachende Traumgötter malten mit einem goldenen Stift die herrlichsten Traumgebilde in die Luft.

„Siehst du, mein Sohn", sprach der greise König Schlaf, denn er war es selber, ernst zu Mäxchen, „hier in diesem Saale schlafen die fleißigen Menschen, die den ganzen Tag über gearbeitet haben. All die goldenen Träume, welche die blondlockigen Englein in die Luft malen, schauen sie im Schlummer und freuen sich daran.

Und Mäxchen sah, wie die kleinen Traumgötter des Nachts den fleißigen Buben, die pünktlich um sieben morgens in der Schule waren, wunderschöne Bleisoldaten mit dem goldenen Stift malten, ganze Regimenter mit Pferden und Kanonen, da – ein Riesenschaukelpferd und lustig brummende Kreisel. Und den kleinen, fleißigen Mädchen, die brav am Tage ihren Strickstrumpf gestrickt hatten, malten die guten Traumgötter wunderschöne Lockenpuppen in die Luft, Puppenküchen und Puppenstuben, herrliche, bunte Märchenbilder – es war eine wahre Pracht!
An dem Kopfende der Betten aber schwebte eine holde Frauengestalt und fächelte die Schläfer, das war die Fee Erquickung; an dem Fußende aber hockten freundliche, kleine Geister, Arbeit, Fleiß, Eifer und Pflicht, die lächelten den fleißigen Menschen im Schlummer zu.
„Hier gehörst du nicht her, du Faulpelz du", sprach König Schlaf streng zu Mäxchen, „du kommst in den dunklen Raum nebenan, wo die Faulheit wohnt. Da sollst du sieben Tage lang hintereinander schlafen, und böse Träume sollen dich quälen, dies sei deine Strafe!"
Damit ließ er Mäxchen in einer dunklen Ecke auf ein hartes Lager fallen.
Huh! – stockfinster war es hier in diesem Saale; hässliche Teufel malten den schlafenden Faulpelzen scheuß-

liche Fratzen in die Luft, dass sie im Traum laut aufstöhnten, grässliche, schwarze Schlangen, Faulheit, Trägheit und Lässigkeit, umwanden das schlummernde Mäxchen, dass es sich nicht rühren konnte.
Als die sieben Tage um waren, erschien König Schlaf wieder an Mäxchens Lager und rüttelte ihn am Arm. Aber der faule Max blinzelte noch immer müde und gähnte „Huuuh!“ den König Schlaf siebenmal laut an. Da wurde der greise König noch ärgerlicher: „Bist du immer noch nicht von deiner Faulheit geheilt“, so rief er, „nun wohl, so schlafe jetzt sieben Wochen hintereinander!“
Und Mäxchens Augen schlossen sich wieder, und alle die bösen Geister kamen und kniffen und zwickten ihn mit glühenden Zangen und spielten mit ihm Fangball. Hey – wie hoch warfen sie das schlafende Mäxchen in die Luft, und auf spitzen Nadeln fingen sie ihn wieder auf – es war grässlich!
Aber der böseste Traumgott, der Alp, setzte sich auf Mäxchens Brust; ach – wie er ihn quälte und drückte, laut aus stöhnte Mäxchen; doch als er schreien wollte, da presste ihm der Alp sogar die Kehle zu.
Und damit waren die sieben Wochen um, und König Schlaf stand wieder an seinem Lager.
Jetzt machte Mäxchen wenigstens schon ein Auge auf,

aber noch immer konnte er sich nicht ermuntern; er räkelte sich und streckte sich, so lang er war, und da – da gähnte er doch den König Schlaf schon wieder an. „Huuuh!“ – zwar nur dreimal, aber der König Schlaf wurde doch bitterböse!

„Sieben Jahre sollst du jetzt hintereinander schlafen“, so klang es von seinen Lippen, „dann wirst du wohl ausgeschlafen haben, du Faulpelz!“

Und Mäxchens Lider schlossen sich von Neuem, er fing wieder laut an zu schnarchen.

Aber Mattigkeit und Schlaffheit, die beiden scheußlichen Hexen, flogen an sein Lager und banden ihm schwere, eiserne Gewichte an Arme und Beine, dass er sich gar nicht bewegen konnte, und die Oberhexe, die Faulheit, und der Hexenmeister Müßiggang schickten ihr Kind, die Langweile, an sein Bett, da fing Mäxchen sich ganz grässlich an zu langweilen.

Und als nun die sieben Jahre um waren, da schlug Mäxchen geschwind beide Augen auf.

Aber was sah er?

Nicht mehr der König Schlaf stand vor ihm; statt des schönen Greisengesichtes erblickte er ein hässliches, altes Gerippe.

„So, jetzt will ich wieder zur Erde hinauf“, rief Mäxchen ganz munter, „nun habe ich ausgeschlafen!“

Aber da öffnete der alte Knochenmann seinen Mund: „Nein – jetzt gehörst du mir, mein Sohn; mit mir wirst du jetzt gehen, ich bin der Bruder des Königs Schlaf, König Tod nennt man mich."
„Nein", schrie Mäxchen, „ich will nicht mit dir gehen, du hässlicher Mann, ich will wieder auf die Erde hinauf zu meinem lieben Mütterlein."
„Nur fleißige Kinder, Menschen, die arbeiten, gehören auf die Erde", sprach der Tod ernst, „du gehst mit mir!" Und er nahm Mäxchen an die Hand.
An einem schmalen Wege blieb er stehen. „Dieses ist der Weg zum Himmel", sprach der Tod zu Mäxchen, „nun sieh zu, ob man dich dort aufnimmt!"

Da wanderte Mäxchen bis an das goldene Himmelstor, aber geschwind warf Petrus, der Pförtner, die Himmelstür zu.

„Solch einen faulen Jungen können wir im Himmel nicht gebrauchen“, so rief er durch sein Schiebefensterchen Mäxchen zu. „Aber weil du sieben Jahre geschlafen hast, sollst du als Siebenschläfer in den Kalender kommen, zur Warnung für alle faulen Kinder!“ Und er nahm Mäxchen und setzte ihn in den Kalender, gerade am 27. Juni!

Da weinte Mäxchen bitterlich, sieben Wochen lang jeden Tag, und seine Tränen flossen als Regen zur Erde hinunter.

So steht das Mäxchen nun als Siebenschläfer im Kalender, und wenn er auf Erden faule Kinder sieht, die nicht zur Zeit in der Schule sind, dann fängt er wieder an zu weinen, und dann regnet es vom 27. Juni an sieben lange Wochen auf der Erde, und die Kinder können dann nicht hinaus ins Freie.

Drum zeitig aus den Federn heraus, ihr Kinder – merkt's euch –, dass es euch nicht ergeht wie dem Siebenschläfer!

Eugen Skasa-Weiß

Grüßt mir die Morgenmuffel!

Es gibt Menschen, die nach dem Aufwachen kaum zu bewegen sind, ein vorsichtiges Bein aus der Bettdecke zu strecken. Im Halbschlaf versuchen sie herauszubringen, ob der neue Tag es wert sei, von ihnen angebrochen zu werden. Unliebenswürdige Menschen, aber so sind die meisten. Die Ehe bringt es an den Tag. Die Ehe bringt noch Schlimmeres an den Tag. Kaum hat sich der junge Morgen eingestellt, schnellen unverwüstliche Frühtrompeter aus dem Bett und laufen über vor Lärm und Gymnastik. Sie wollen dem Wecker zeigen, daß sie brutalere Einfälle haben als er. Sie haben die Nacht überlebt – was kostet der neue Tag?
Dieses faschistische Getue betrachten die morgenscheuen Augenreiber, die dem neuen Tag mit vorwurfsvoller Verstimmung entgegenschleichen, mit maulfauler Wut. So etwas tut ihnen weh, so etwas regt sie auf. So einen sollte man totschlagen, falls sich das lautlos machen ließe.
Nur Junggesellen können dem überraschten Morgen mit finsteren Gesichtern oder mit heiterem Zahnputz-

geträller gegenübertreten, ohne angepöbelt zu werden. Junggesellinnen erst recht; aber ein feministischer Morgenmuffel oder eine trällernde Callas unter der Dusche gehören in die Bettfederngruft, wo sie am tiefsten ist.
Leute, die ihr Tagewerk mit Hui beginnen, sollten um Leute, die das Bett mit heimlichem Pfui verlassen, einen kilometerweiten Bogen schlagen. Sie fallen einander auf die Nerven. Denn jede Manier, mit der einer aufsteht, ist für den Gegentyp eine hundsmiserable Manier. Unverschämtheit, das Gold, das die Morgenstunde im Mund haben soll, geräuschvoll anzujubeln und burschikos in sich hineinzugurgeln, wenn ich finde, daß das Gold der Morgenstunde aus schäbigem Blei besteht. Ich will herrlich muffig sein, der andere herrlich blöd. Das geht nicht Hand in Hand. Andersherum geht es noch weniger. Ist es nicht niederträchtig, wenn eine Hausfrau, die am Morgen nach allem anderen als nach Hausfrau aussieht, miesepetrig um mich herumschleicht und muffig dahinbrodelt? Wem soll ich jetzt meinen verrückten Traum erzählen, wem kann ich als geborener Frühtrompeter entgegenjubeln: „Herrlich, wie die Sonne scheint! Was gibt es heute zu Mittag?"
Sie gibt keine Antwort. Sie igelt sich ein in Stoffelei. Sie schleppt sich ins Badezimmer und begießt das Pflänz-

chen Rührmichnichtan, das bis zum Frühstück ein riesiges Gestrüpp wird. Es grenzt an Selbstmord, die Freude an meiner geglückten Auferstehung mit dieser Person teilen zu wollen. Vor dem Zähneputzen bringt sie die Lippen nicht auseinander – aber nachher rächt sie sich. Schon vibriert Ärger in meiner Frühaufstimme – verdirbt mir doch das Weib, in dem es zu regnen scheint, den ganzen Tag! „Hm. Grrr …" warnt das Weib verschlafen. Sprich mich nicht an, bedeutet das. Geh mir aus dem Weg. Meine Nerven. Der steile Akt des Aufstehens hat sie beleidigt, Pfeifen und Frohsinnsgejaule – das hat ihr gerade noch gefehlt. Sie gibt abweisende Knurrhahntöne von sich, sie versucht, unter der Haut weiterzuschlafen. Sie droht, ohne sich zu einem Wort der Erbitterung aufzuschwingen, zusammenzubrechen oder zu explodieren.

Sie ist eine Morgenmiese, die jetzt geladen ist. Morgenpolterer putschen sie auf. Tagsüber ist sie reizend, ein sprühender Kamerad. Nach dem Aufstehen aber will sie unbeachtet in ihrem Schneckenhaus residieren. Wird sie vor dem Frühstück gewaltsam herausgezogen, so faucht Madame und wird Megäre; ihre Vorwürfe kenne ich. Der Typ, der ihr gefiele, wäre ein freundlicher Morgentrottel. Keiner also, der morgens aus dem Bett fährt, als hätte ihn seine Mutter mit

Knallfröschen großgezogen. So ein Knallkopf freut sich gähnend über jeden Dreck, benimmt sich als rüder und amüsierter Antreiber, lacht schallend und brüllt im Bad ein Lied. ‚Welches Ekel von Mann', denkt Madame, soweit sie so kurz nach dem Aufstehen etwas Faßliches denken kann.
Die Natur hätte sich eigentlich begnügen müssen, vier ungleiche Temperamente in die Welt zu setzen. Aber nein, sie hat das Schwierige zwischen den Menschen schon an die Morgenschwelle gesetzt, unmittelbar neben die Bettkante. Sie hat Frühaufsteher und Nachtschwelger zugelassen, die einander nicht recht begreifen können. Diese unterschiedlichen Gemüter hat sie obendrein noch liberal zerfasert. Sie zerfallen natürlich nicht in eindeutige Morgenbrüller und Morgenmuffel, nein, jeder ist ein wenig gemischt, der eine zum fahrlässig Fröhlichen hin, der andere zur maulfaulen Brüterei, andere schusseln oder beißen blindlings um sich.
Die Zukunft einer Ehe beginnt nicht mit dem Zubettgehen, sondern mit dem Verlassen der Betten nach dem Weckerrasseln. Mit den kleinen Skandalen eben, die der eine dem andern Morgen für Morgen als Tagesanbruch anzubieten wagt.

Axel Hacke

Versuch über die Müdigkeit

Morgens im Bad. Luis ist in seinem Zimmer. Paola duscht. Ich rasiere mich.
Ich: „Mein Gott, bin ich müde."
Paola: „Ich bin so müde, mein Gott."
Ich: „Mein Gehirn fühlt sich an wie ein in Watte gepackter Stein."
Paola: „Ich habe das Gefühl, als wäre mein Kopf ein rohes Ei – träge schwappt die Flüssigkeit hin und her."
Ich: „Heute werde ich gar nicht wach."
Paola: „Bist du heute Nacht aufgestanden, um Luis ein Milchfläschchen zu machen, oder ich?"
Ich: „Aber ich bin auch wach geworden, als er geschrien hat! Und danach konnte ich drei Stunden lang nicht wieder einschlafen."
Paola: „Warum bist nicht du dann zu ihm gegangen?"
Ich: „Weil ich zu müde war."
Paola: „Ich darf nie zu müde sein! Man hat übrigens gar nicht gemerkt, dass du wach warst."
Ich: „Ich war auch nicht richtig wach. Nur so, dass mein Schlaf gestört war."

Paola: „Mir kommen Tränen. Dein Schlaf war gestört! Du hast dich also schlafend gestellt!“
Ich: „Das ist ja das Problem: dass man sich hier nachts schlafend stellen muss, statt zu schlafen.“
Paola: „Wenn ich mich schlafend stellen würde, würde unser Kind die ganze Nacht schreien.“
Ich: „Dann würde ich ja gehen.“
Paola: „Aha. Morgen Nacht stehst du auf!“
Ich: „Dann bin ich ja morgens früh noch müder!“
Paola: „So müde wie ich jetzt.“
Ich: „Aber wenn du sowieso wach bist, kannst du doch auch Luis’ Fläschchen machen.“
Paola: „Und wieso kannst du es nicht?“
Ich: „Ich bin ja nicht richtig wach.“
Paola: „Du wirst schon richtig wach werden …“
Ich: „Neulich habe ich von einem Experiment gelesen: Die Versuchspersonen gingen den Tag über ihrer normalen Tätigkeit nach. Aber mit Sonnenuntergang mussten sie sich ohne Licht bis zum Morgengrauen hinlegen, wie die Menschen in der Steinzeit. Sechzehn Stunden Schlaf und Dösen! Die Leute sagten, sie hätten zum ersten Mal verstanden, was ‚richtig wach‘ wirklich bedeute.“
Paola: „Manche Leute gehen halt zum Dösen ins Büro.“

Ich (scharf): „Du willst sagen, ich verdöse den Tag im Büro. Das willst du sagen?“
Paola: „Nein, aber du gehst einer interessanten Arbeit nach, trinkst zwischendurch Kaffee mit Kollegen auf dem Flur …“
Ich: „Du hast keine Ahnung, unter welchem Druck ich stehe. Das Arbeitsleben ist nicht so nett wie hier zu Hause mit einem kleinen Kind und ein bisschen Besuch zwischendurch.“
Paola (scharf): „Also, ich vertändele deiner Ansicht nach den ganzen Tag, mit Luis spielend, mit Freundinnen telefonierend, was? Da muss man nicht wach sein, was?“
Ich: „Ich habe nur gesagt, dass ich müde bin.“
Paola: „Ich auch.“
Ich: „Du hast gesagt, du seiest müder als ich.“
Paola: „Das habe ich nicht. Ich rede mit dir nur noch unter Zeugen.“
Ich: „Aber du hast es insinuiert.“
Paola: „Ich bin zu müde, um was zu insinuieren.“
Ich: „Schon wieder!“
Paola: „Was ‚schon wieder‘?“
Ich: „Schon wieder tust du, als seist du müder.“
Paola: „Es gibt doch keine objektive Müdigkeitsskala. Es gibt nur Müdigkeitsgefühle.“

Ich (wasche mir den Rasierschaum aus dem Gesicht):
„Und meines ist groß und mächtig."
Paola (steigt aus der Dusche): „Meines auch."
Die Tür geht auf. Luis kommt herein, sich die Augen reibend:
„Ich bin so müde."

Gilbert Keith Chesterton

Über das Im-Bett-Liegenbleiben

Im-Bett-Liegenbleiben wäre ein großartiges, ein unüberbietbares Erlebnis, hätte man nur einen Farbstift, lang genug, um an der Decke zu malen. Leider gibt es aber so etwas nur in den wenigsten Haushaltungen. Was mich angeht, so glaube ich schon, dass es mit einigen Eimern Farbe und einem langen Besenstiel zu machen wäre. Nur kann dem Maler, wenn er so mit Hingabe und Schwung die Farbe in breiten Strichen aufträgt, leicht ein seltsamer, vielfarbiger Märchenregen ins Gesicht rieseln, und das hätte seine Nachteile. So fürchte ich fast, dass es bei dieser künstlerischen Komposition nötig sein wird, nur in Schwarzweiß zu arbeiten. Dazu würde der weiße Plafond ausnehmend gut passen, ja genau genommen ist es die einzige Verwendung für eine weiße Zimmerdecke, die ich mir überhaupt vorstellen kann.

Ohne das schöne Experiment, im Bett liegenzubleiben, hätte ich es vielleicht niemals entdeckt. Jahrelang hatte ich in neuen Häusern nach freien Stellen gesucht, auf die man zeichnen könnte. Papier ist viel zu klein für eine ordentliche allegorische Zeichnung, wie schon Cyrano de Bergerac formulierte: Ich brauche Riesen. Aber wann immer ich mich nach solchen schönen freien Flächen in den Räumen, in denen wir heute leben müssen, umsah, ich wurde ständig enttäuscht. Alles Mögliche, zu einem verwickelten Muster verfilzt, hing als feingliedriger Vorhang zwischen mir und dem Gegenstand meiner Sehnsucht. Ich untersuchte die Wände und fand sie zu meiner Überraschung bereits mit Tapete bedeckt und die Tapete bereits mit recht uninteressanten Bildchen versehen, die einander lächerlich ähnlich sahen. Es wollte mir nicht in den Sinn, warum ein x-beliebiges Symbol, das offenbar jeder religiösen oder symbolischen Bedeutung ermangelte, über meine schönen Wände gleich Windpocken versprenkelt werden musste. Die Bibel muss meiner Ansicht nach Tapeten im Auge haben, wenn sie erklärt: Gebrauche keine unnützen Wiederholungen, wie das die Heiden tun. Auch der Orientteppich schien mir eine Anhäufung nichtssagender Farbflecke zu sein. Kurz, überall, wohin ich mich hilflos mit Stift und Pinsel wandte, musste ich feststellen, dass unverantwortlicher Weise schon andere dagewesen waren und die Wände, die Vorhänge, die Möbelstoffe mit ihren kindischen, barbarischen Mustern verdorben hatten.

So fand ich wirklich keinen freien Fleck zum Zeichnen, bis ich einmal den Vorgang des Im-Bett-Liegens über das richtige Maß ausgedehnt hatte. Da drang das Licht eines schneeweißen Himmels auf mich ein, ein Meer von reinem Weiß, das beinahe auf eine Definition des Paradieses hinausläuft, bedeutet es doch Reinheit und ebenso Freiheit. Aber ach, wie jeder Himmel, so stellte sich auch dieser, kaum dass man ihn sah, als unerreichbar heraus, auch mutete er strenger und entfernter an als der blaue Himmel, den man durchs Fenster erblickt. Zudem wurde mein Vorhaben, mit dem haarigen Ende eines Besens an der Decke zu malen, nicht gerade ermutigt, und auch der wesentlich bescheidenere Vorschlag, das Besenstielende in den Küchenherd zu stecken und es so in Zeichenkohle zu verwandeln, verfiel der Ablehnung. Dennoch bin ich überzeugt, dass es Leute in meiner Lage – auf dem Rücken Liegende – waren, denen all die unverbrauchte, frische Inspiration zuflog, mit der sie dann die Decken der Paläste und Kathedralen mit einem wilden Aufgebot an gefallenen Engeln oder siegreichen Göttern bedeckten. Nur weil sich Michelangelo der altehrwürdigen Beschäftigung des Im-Bett-Liegens hingab, kann er herausgefunden haben, wie die Decke der Sixtinischen Kapelle zu einer furchterweckenden Nachgestaltung des göttlichen

Dramas umzuwandeln wäre, das nur im Himmel spielen kann.

Stattdessen muss sich die praktische Ausübung des Im-Bett-Liegens heute mit einer ungesunden, heuchlerischen Einstellung auseinandersetzen! Von all den Kennzeichen der Moderne, die auf Verfall hindeuten, ist keines bedrohlicher und gefährlicher als die Überbetonung höchst geringfügiger, nebensächlicher Fragen der Lebensführung auf Kosten ewiger Bindungen und lebenswichtiger menschlicher Gesittung. Wenn es etwas Schlimmeres gibt als das zeitgemäße Abschwächen der höheren sittlichen Grundsätze, dann ist es die Überbetonung der kleinen Moral, des Taktes, der Etikette. Man kann jemanden viel gründlicher vernichten, wenn man ihn des schlechten Geschmacks, als eines schlechten Charakters bezichtigt. Reinlichkeit ist zwar nicht zum Scherz da, aber heute rangiert sie nicht hinter, sondern vor der Frömmigkeit; Reinlichkeit wird zum Wesentlichen gemacht und Frömmigkeit zum Ärgernis. Ein Komödienschreiber kann die Ehe zersetzen, solange ihm nur kein Formfehler gegen den guten Ton der Gesellschaft unterläuft, und ich habe Pessimisten getroffen, die es für verwerflich hielten, Bier zu trinken, aber in der Ordnung, Zyankali zu nehmen. Das gilt auch für die Hygiene, besonders aber für derlei Dinge wie das Im-Bett-Liegenbleiben. Statt dass man es, wie sich das so gehörte, als eine Frage der persönlichen Annehmlichkeit und Lebensgestaltung ansähe, wird es von vielen so beurteilt, als sei es ein wesentlicher Punkt der Ethik, früh aufzustehen. Es ist eine Sache der praktischen Lebensführung, aber damit noch nichts Gutes; noch ist es irgendwie schlecht, wenn man es anders hält.

Knicker und Geizhälse stehen des Morgens früh auf und Einbrecher – so habe ich mir sagen lassen – sogar die Nacht vorher. Die große Gefahr unserer Gesellschaft ist dabei, dass sie in ihren Verhaltensregeln immer mehr erstarrt, während ihr Geist immer unbeständiger wird. Es sollte umgekehrt sein. Die nebensächlichen Handlungen und Vorkehrungen sollten frei, anpassungsfähig und schöpferisch bleiben, was unverrückbar bleiben sollte, wären die Grundsätze und Ideale. Leider ist bei uns das genaue Gegenteil der Fall, unsere Ansichten wechseln beständig, die Beschaffenheit unseres Lunchs bleibt die gleiche. Nun, ich schätze es, wenn der Mensch starke, fest begründete Ansichten hat; aber was seinen Lunch angeht, den kann er ruhig zuweilen im Garten, manchmal im Bett, gelegentlich auf dem Dach und ab und zu sogar im Wipfel eines Baumes einnehmen. Lasst sie in der Diskussion von den gleichen Grundsatzfragen ausgehen, aber wo und wie man diskutiert, ob auf Liegebetten, in einem Boot oder in einem Luftballon, darauf kommt es nicht an. Das alarmierende Überhandnehmen guter Manieren legt einen zu starken Akzent auf das, was man sich gewohnheitsmäßig aneignen kann, es legt zu wenig Nachdruck auf die Vorzüge, die durch Gewohnheit und gute Eigenschaften kaum recht gesichert werden können: unerwartetes Aufleuchten begnadeten Mitgefühls oder verschwenderischer Großmut. Wann immer der unvermutete Anruf an uns ergeht, es ist möglich, dass wir versagen. Man kann sich wohl darin üben, um fünf Uhr morgens aufzustehen; aber sich für seine Überzeugung hängen zu lassen, darin kann man sich schwerlich üben – schon der erste Versuch endet ja gewöhnlich mit dem Tode. Lasst uns deshalb den Möglichkeiten des Unerwarteten, des Abenteuerlichen ein wenig mehr Auf-

merksamkeit schenken. Ich behaupte jedenfalls: Wenn ich nachher aus dem Bett steige, werde ich sicher eine Tat vollbringen, deren Mannesmut gewaltigen Eindruck machen wird.

Für alle die, welche die große Kunst des Im-Bett-Liegens studieren, möchte ich noch eine wichtige Vorsichtsmaßregel beisteuern. Selbst bei Leuten, die ihre Arbeit im Bett verrichten können, etwa Journalisten, noch mehr aber bei denen, deren Arbeit nicht im Bett getan werden kann – denken wir nur an die Harpunenwerfer einer Walfangflotte –, liegt es auf der Hand, dass man dieser Übung nur ganz gelegentlich frönen darf. Aber das ist nicht die Vorsicht, von der ich sprechen wollte. Sie lautet vielmehr: Wenn man schon im Bett liegt, muss man es völlig unbegründet tun und ohne sich nachträglich um eine Rechtfertigung zu bemühen. Natürlich rede ich nicht von Leuten, die ernstlich krank sind. Wenn aber ein gesunder Mensch einmal im Bett liegt, soll er es ohne den leisesten Schatten einer Rechtfertigung, kurz, ohne den geringsten Skrupel tun, dann wird er auch wieder als gesunder Mensch aufstehen. Tut er es aber aus einem nebensächlichen hygienischen Beweggrund, hält er vielleicht gar eine wissenschaftliche Erklärung dafür bereit, dann wird er es vermutlich als Hypochonder verlassen.

Manfred Kyber

Das Faultier

Das Faultier hing an einem Ast und duselte vor sich hin. „A-i“, sagte das Faultier und seufzte.
Es seufzte herzbeweglich. Seufzen hielt es für schlafbefördernd.
Unten am Stamme des Baumes saß ein kleines Pinseläffchen und las in einem Buch. Das Buch war auf Baumrinde geschrieben und in Lianengeflecht gebunden. Den Entwurf dazu hatte eine Giftspinne gezeichnet – eigenbeinig. Darum war der Einband giftgrün geworden. Das Buch hieß: „Wie werde ich energisch?“
Solches hatte das Äffchen sehr nötig. Denn Pinseläffchen sind zarte und schüchterne Geschöpfe.
Das Faultier seufzte herzbeweglich.
„Was fehlt Ihnen denn eigentlich?“, fragte das Äffchen teilnehmend und guckte nach oben. „Ist Ihnen nicht wohl?“
„A-i“, sagte das Faultier und seufzte.
„Sie sind gewiss krank“, sagte das Äffchen und kletterte hilfsbereit nach oben.
Das Faultier rührte sich nicht.

„Ich bin hungrig“, sagte es und seufzte.
„Aber dicht über Ihnen hängen ja die schönsten Früchte und Blätter“, sagte das Äffchen erstaunt.
Das Faultier blinzelte nach oben.
„Ich bin zu faul“, sagte es und seufzte.
„Sie müssen das Buch lesen ‚Wie werde ich energisch?‘“, sagte das Äffchen eifrig und zeigte auf den giftgrünen Einband. „Eine Tante von mir hat das Buch gelesen und ist so energisch geworden, dass kein Affe mehr mit ihr leben kann. Meine Tante fletscht die Zähne und schmeißt mit Steinen. So energisch ist sie geworden.“
„Dass ich ein Buch lese, ist vollständig ausgeschlossen“, sagte das Faultier.
„Ja, was machen wir denn da?“, sagte das Äffchen ratlos. „Sie können doch nicht einfach verhungern vor den reifen Früchten!“
„A-i“, sagte das Faultier und seufzte.
Das Pinseläffchen hatte ein sehr weiches Herz. Es konnte das Seufzen nicht mehr anhören. Es nahm ein Bündel Blätter und stopfte es dem Faultier ins Maul. Das Faultier kaute schwer und mühsam, mit geschlossenen Augen. Das Äffchen stopfte und half mit den Füßen nach.
„So geht es aber nicht weiter“, sagte das Pinseläffchen nach dem eingestopften Diner. „Sie müssen energisch

werden. Ich werde Ihnen das Buch ‚Wie werde ich energisch?‘ vorlesen, da Sie schon zu faul sind, es selbst zu lesen. Aber Sie müssen aufmerksam zuhören.“

„Dass ich zuhöre, wenn ein Buch vorgelesen wird, ist vollständig ausgeschlossen“, dachte das Faultier. Es sagte das aber nicht mehr. Es war zu faul dazu. Das Äffchen setzte sich neben das Faultier und nahm den giftgrünen Einband zur Hand. Es las das ganze Buch mit lauter Stimme von Anfang bis zu Ende.

„Sind Sie nun energisch geworden?“, fragte das Äffchen und sah das Faultier erwartungsvoll an.

Das Faultier rührte sich nicht. Es war eingeschlafen.

Da nahm das zarte Pinseläffchen das Buch „Wie werde ich energisch?“ und warf es dem Faultier wütend an den Kopf. So energisch war es geworden – beinahe wie seine Tante, die mit Steinen schmiss und die Zähne fletschte.

„A-i“, sagte das Faultier und seufzte.

Man sagt, dass die Faultiere aussterben. Das glaube ich nicht. Wenn sie aber wirklich aussterben, so sind sie der beste Beweis für die Seelenwanderung.

Quellen

Heinrich Böll, Anekdote zur Senkung der Arbeitsmoral,
aus: Heinrich Böll, Werke, Kölner Ausgabe, Band 12, 1959–1963,
Herausgegeben von Robert C. Conrad,
© 2008 Verlag Kiepenheuer & Witsch GmbH & Co. KG, Köln

Gilbert Keith Chesterton, Über das Im-Bett-Liegenbleiben,
aus: Gilbert Keith Chesterton, Ballspiel mit Ideen. Kleine Prosa aus dem ersten Jahrzehnt. Deutsche Übersetzung von Martin Müllerott,
© Verlag Herder GmbH, Freiburg i. Br. 1963, S. 120 ff.

Horst Evers, Die amtliche Führungspersönlichkeit,
aus: Horst Evers, Für Eile fehlt die Zeit,
© 2011 Rowohlt Berlin Verlag GmbH, Berlin

Amelie Fried, Top Ten der faulen Ausreden,
aus: Amelie Fried, Wildes Leben. Späte Einsichten und verblüffende Aussichten,
© 2011 Wilhelm Heye Verlag, München in der Verlagsgruppe Random House GmbH

Axel Hacke, Versuch über die Müdigkeit,
aus: Axel Hacke, Das Beste aus meinem Leben,
© 2006 Verlag Antje Kunstmann GmbH

Wir danken den Autoren und Verlagen für die freundliche Abdruckgenehmigung.